An Historical Introduction to the European Union

歐洲聯盟簡史

Philip Thody 著

鄭棨元 譯

三民書局

獻給Jim Walsh

謝　詞

特別感謝我的朋友和前同事Howard Evans對撰寫本書所提供的幫助和意見。所有的文責由作者自負。

歐洲聯盟簡史 European Union

歐洲聯盟

大事記

這分大事記有兩個目的：一是方便讀者檢索本書中所提到的事件，特別是第一章的部分；二是提醒讀者當時的國際氣氛，也就是在這種氣氛下，歐洲煤鋼組織(European Coal and Steel Community, ECSC)才發展為歐洲聯盟。

1950年

5月9日

由於受到莫內一場演講的啟發，法國外交部長舒曼提議：法國和西德應當合併管理雙方的煤、鋼資源，並邀請其他歐洲國家參與。

6月2日

對於舒曼邀請加入的提議，英國的回應是，如果新創立的國際組織，會員國必須接受組織的權威約束的話，那麼英國並不打算參加協商。

6月20日

比利時、法國、西德、義大利、盧森堡和荷蘭六國接受舒曼的邀請，在巴黎開始協商，預期目標是建立歐洲煤鋼組織。

6月24日

北韓部隊入侵南韓。在聯合國名義下，美國、澳大利亞、比利時、英國、法國、紐西蘭、土耳其和其他九個國家派兵防衛南韓；在1953年7月27日簽訂停火協議，劃定南北韓以北緯三十八度為界。西歐國家普遍認為如果西方表現出絲毫軟

弱的跡象，蘇聯支持的部隊可以發動類似北韓6月的突襲，並且可以在一個星期內前進到英倫海峽。而這氣氛營造了在1952年嘗試成立「歐洲防衛共同體」(European Defence Community, EDC)的背景。

1951年
4月18日

比利時、法國、義大利、西德、盧森堡和荷蘭簽訂〈巴黎條約〉，建立歐洲煤鋼組織。

1952年
5月17日

比利時、法國、義大利、西德、盧森堡和荷蘭簽訂〈巴黎條約〉，成立歐洲防衛共同體。美國全力支持這個計畫，但此條約必須經由各會員國的國會批准。除了法國之外，所有國家均同意參與。法國國會在1954年8月31日，終於以319票對264票，否決了參與的提議。

7月15日

〈巴黎條約〉在六個會員國國會同意下，正式成立歐洲煤鋼組織。暫訂盧森堡為執行總部所在地。

1953年
2月10日

依據1951年4月18日〈巴黎條約〉的規定，成立煤、鐵共同市場。六會員國之間的公司買賣煤、鋼得以不課徵任何關

稅。而會員國無權限制煤、鐵的進出口數量或品質。

5月1日

成立另一個針對鋼鐵的共同市場。六個會員國鋼鐵公司的鋼
鐵、煤炭生產量逐漸納入歐洲煤鋼組織的管制。歐洲煤鋼組
織必須和會員國協商以確保最佳政策的推行。

11月26-28日

歐洲煤鋼組織六會員國的部長參與共同會議,決定成立一個
跨國組織,以草擬歐洲經濟共同體成立條款。

1954年

10月20-23日

在法國國會於8月31日拒絕成立歐洲防衛共同體的提議之
後,比利時、法國、西班牙、西德、義大利、盧森堡、葡萄
牙、荷蘭和英國等九國,於倫敦召開跨政府會議,成立「西
歐聯盟」,以整合西歐各國防衛事務。美國支持這項提議,
認為可藉此讓西德進入北大西洋公約組織(簡稱北約)。北
約成立於1949年4月4日,創始成員包括比利時、加拿大、丹
麥、法國、冰島、義大利、盧森堡、荷蘭、挪威、葡萄牙、
英國和美國。英國願意加入西歐聯盟,理由和加入北約一
樣,因為二者的性質均是傳統主權國家間的結盟。在西歐聯
盟的贊助下,英國同意派遣兩旅軍隊進駐歐陸二十五年,此
舉有助於促成法國同意接受西德於1955年加入北約。

1955年

6月1-3日

在英國也受邀參與的莫西拿(Messina)會議中，歐洲煤鋼組織六會員國外交部長決定進一步擴大歐洲經濟整合。由比利時外交部長史巴克(Paul-Henri Spaak)擔任新成立委員會的主席，以審查建立歐洲經濟共同體以及共同發展原子能的可能性。

1956年

5月29-30日

歐洲煤鋼組織六會員國代表決定接受史巴克委員會(Spaak committee)的建議，協商建立「歐洲經濟共同體」(European Economic Community, EEC)和「歐洲原子能組織」(European Atomic Energy Community, Euratom)。六國於6月26日在布魯塞爾進一步的協商，旨在成立這兩個組織，並促成兩個組織之間的合作。

7月17日

英國從莫西拿會議的決議警覺到，如果根據歐洲煤鋼組織的方式進一步合作，最後參與的會員國可能會喪失國家主權，而這是英國不能接受的結果。英國決定在歐洲經濟合作會議下成立一個「歐洲自由貿易協會」，以對抗歐洲經濟共同體。這個組織與提議中的歐洲經濟共同體不同的地方在於：歐洲經濟共同體為關稅同盟，會員國間有共同的關稅以別於其他非會員國；而自由貿易協會則是會員國之間彼此廢除關稅，成立自由貿易區。

7月26日

埃及軍事強人納塞(Nasser)宣布蘇伊士運河收歸國有。以色

列於同年10月29日侵略埃及，英國和法國在10月31日藉口分開敵對雙方，採取軍事干預埃及的行動。在蘇聯入侵匈牙利以防止該國脫離華沙公約組織（1955年在蘇聯扶植下為抵制北約而成立）之後兩天，美、蘇聯合迫使英、法雙方於11月6日同意停火。希望持續干預行動直到納塞被迫下臺的法國不滿英國，此為戴高樂先後於1963年和1967年拒絕英國申請加入歐洲共同市場的一個因素。

1957年
3月25日

歐洲煤鋼組織六會員國簽訂〈羅馬條約〉，建立了歐洲共同市場和歐洲原子能組織。〈羅馬條約〉的目的在於成立一個共同體，建立一個消除妨礙資本、貨品、人力及服務自由流動障礙的共同市場；對外有共同的貿易政策和共同的農業、漁業及運輸政策；並且整合經濟政策、協調社會政策，及合作研究以核能作為和平用途。在7-11月之間，六會員國的國會均批准〈羅馬條約〉。

1958年
1月1日

〈羅馬條約〉正式生效，歐洲經濟共同體的總部和歐洲原子能組織的委員會，均設立在布魯塞爾。歐洲經濟共同體和歐洲原子能組織的其他相關組織，則分別設立在史特拉斯堡和盧森堡。

7月3-11日

會員國在史翠沙(Stresa)會議中，同意農業共同政策的基本原則，這些原則包括：市場支援、共同體優先、出口的財政補助、和共同的對外關稅。

9月3日

戴高樂成功的經由公民表決，於1959年1月1日建立法國第五共和。

11月28日

蘇聯照會美、英、法三國，說明蘇聯政府決定單獨與東德於1959年5月28日簽訂和平條約。此舉對西柏林獨立隱含的威脅，令人聯想到1948年6月至1949年3月的柏林危機，因而引發了蘇聯和北約之間一連串的政治危機和衝突。

1959年

1月1日

歐洲經濟共同體六會員國之間首度降低工業產品關稅，降幅為10%；進、出口限額首次降幅為20%。

1960年

1月1日

進、出口限額第二次降低，降幅為10%。

1月4日

英國、奧地利、丹麥、挪威、葡萄牙、瑞典和瑞士七國簽訂條約，成立「歐洲自由貿易區域」，該條約於當年的7月1日正式生效。

5月11日

成立歐洲社會基金。

5月12日

部長理事會決定加速施行〈羅馬條約〉中的條款。

7月1日

第二次降低關稅，降幅為10%。

1961年

1月1日

第三次降低關稅，降幅為10%；第三次降低進、出口限額，降幅為10%。

2月10-11日

歐洲經濟共同體六會員國的外交部長正式宣布支持歐洲的政治統一。

7月18日

歐洲經濟共同體六會員國的元首在波昂聚會，宣稱他們支持「成立一個歐洲國家聯盟」的提議。

7月31日

並未參與北大西洋公約組織、西歐聯盟和歐洲自由貿易區的中立國——愛爾蘭共和國，申請加入歐洲經濟共同體。

8月9-10日

英國和丹麥宣布申請加入歐洲經濟共同體，相關事宜的談判於當年11月展開。

8月13日

東德當局封鎖東柏林和西柏林交界處，並開始建立柏林圍牆，以阻止其居民投奔到西柏林。

1962年

1月1日

第四次降低關稅，降幅為10%。

1月14日

六會員國對於農業共同政策採行的模式達成協議，該協議適用於穀類、水果、豬肉、家禽和蔬菜。此協定於7月30日生效。

7月1日

第五次降低關稅，降幅為10%。

阿爾及利亞戰爭結束，自1848年以來歸屬於法國的阿爾及利亞正式獨立。

10月20日

美國宣布已掌握蘇聯在古巴設置中程核子飛彈的證據，同時封鎖古巴以防止物資繼續進入古巴。蘇聯於10月26日同意自古巴撤除飛彈。

1963年

1月14日

戴高樂將軍在新聞記者會上宣布：「一個海權國家以及島國心態的英國」並不具備資格成為歐洲經濟共同體成員，所以法國將否決英國的申請提案。

7月1日

第六次降低關稅，降幅為10%。

7月18日

歐洲經濟共同體和十八個來自非洲和太平洋的國家，簽訂第一次〈雅恩德(Yaounde)❶公約〉，公約中同意讓部分自這些國家進口的農產品享有關稅優惠待遇。

12月16–23日

會員國在漫長的布魯塞爾會議中達成共識，決議將共同農業政策推廣到牛肉、牛奶、奶製品和米。

1964年

5月2日

據稱美國船隻在越南東京灣遭受到攻擊，導致美國加速干預越南內戰，美國的干預直到1973年1月27日，美軍開始撤出越南之後才告終止。1975年11月9日北越共黨政府統一越南。美國政府拒絕加稅，來支付參戰的經費，而採行大量發行通貨，這被視為是美國在1971年8月終止美金和黃金自由兌換的主要因素。❷

1965年

1月1日

第七次降低關稅，降幅為10%。

---

❶　譯者註：該城市為非洲喀麥隆的首都。

❷　譯者註：由於美國大量發行貨幣，使美國面臨通貨膨脹的壓力，間接迫使美金下跌。美金在國際金融擔任國際儲備貨幣的角色，美金匯率的不穩定，會促使各國投資者拋售美金，從而讓美金在國際市場上面臨更嚴重的貶值壓力，所以尼克森總統決定終止美金和黃金的自由兌換，事實上就是宣告終止美金擔任世界儲備貨幣的責任。

4月8日

會員國簽訂條約,將歐洲經濟共同體、歐洲原子能組織和歐洲煤鋼組織的行政組織精簡合一,此條約於1967年7月1日起生效。

6月30日

法國拒絕霍斯坦計畫,該計畫係以第一位歐洲執行委員會主席霍斯坦為名。該計畫主張:提高對第三國進口貨物所課徵的關稅分配給共同體的比例,使共同體的預算能夠獨立;法國以「空椅政策」(empty chair)連續七個月不派代表出席會議,阻撓歐洲經濟共同體的所有進展。

1966年

1月1日

第八次降低關稅,降幅為10%。

歐洲經濟共同體會員國達成〈盧森堡協定〉。該協定決定:任何一個會員國家,可對違反其國家利益的提案行使否決權。該協定促使法國重新參與歐洲經濟共同體委員會會議,而且標誌了戴高樂的「由民族國家組成的歐洲」(l'Europe des Patries)的觀念——主權國家組成的歐洲(a Europe of sovereign nation states),戰勝了西德和荷、比、盧等國所偏好的聯邦歐洲概念。

11月10日

英國工黨首相威爾森(Harold Wilson)宣布英國政府將再度申請加入歐洲經濟共同體。

1967年

1月1日

　　第九次降低關稅，降幅為5％。

5月10日

　　英國、丹麥和愛爾蘭再度申請加入歐洲經濟共同體，挪威於7月21日跟進。

6月10–16日

　　受到敘利亞和埃及明顯的進逼，以色列先發制人，在一連串的衝突中獲得勝利，佔領西奈半島、戈蘭高地和耶路撒冷。

7月3–6日

　　歐洲執行委員會首次會議，整合歐洲經濟共同體、歐洲原子能組織、和歐洲煤鋼組織為「歐洲共同體」。

11月27日

　　戴高樂將軍再度否決英國加入歐洲經濟共同體的申請案。

12月18–19日

　　歐洲經濟共同體六會員國的元首在布魯塞爾集會，公開承認他們對於共同體擴大一事存在歧異，而法國是其中唯一反對英國加入的國家。

1968年

5月

　　法國工人、工會加入在巴黎和其他地方的學生抗議運動，發動全國罷工。他們在5月27日因為〈葛林納里協定〉而返回工作崗位，該協定承諾：大幅調高薪資、改善工作環境、以及更好的退休年金制度。1968年5月的事件，對歐洲經濟共

同體的發展有兩方面的影響：一是如果戴高樂的自信沒有受挫，他不會於1969年4月要求公民投票，在投票中受挫，而被龐畢度替代。二是英國加入歐洲經濟共同體的時間可能會再延遲兩年。如果不是因為〈葛林納里協定〉造成通貨膨脹，導致法郎在1969年8月10日突然貶值，就不會刺激貨幣不穩定，而開始有「歐洲貨幣聯盟」的構想。

7月1日

比1957年預定計畫提前十八個月，歐洲經濟共同體六會員國廢止彼此之間對製成品課徵的關稅，同時推行共同的對外關稅。

1969年

4月28日

戴高樂在區域以及參議院改革的公民投票中失敗，隨之辭去法國第五共和總統的職務。

6月15日

龐畢度當選為法國第五共和的總統。

8月10日

法郎突然貶值6.6%，德國馬克和荷蘭荷盾也隨之升值2%。

12月1–2日

在海牙的高峰會議中，歐洲經濟共同體六會員國同意正式終止過渡時期，使正在施行的共同農業政策成為常態的政策安排；並且同意讓共同體能夠擁有自己的財源，而不再需要完全依賴各會員國的財政補助金。隨著戴高樂的去職，法國也放棄自1965年來嚴格的國家主義立場，龐畢度同時指出，未

來英國申請加入歐洲經濟共同體的協商應可順利成功。

1971年

3月23日

1971年3月23日一名農夫在布魯塞爾示威抗議時被殺身亡。1969年12月曼綏特提議逐漸以美國和加拿大較有效率的大農場生產模式替代小農場。如果逐步採用這項計畫，在1982年之前，將會使歐洲經濟共同體內的農業人口由1969年的20％降低到8％以下，而農業生產量則每年增加2％。

5月19日

推行財政補償以保護西德和荷蘭的農業，避免因為法郎和義大利里拉貶值，而對兩國農產品造成的不公平競爭。

8月10日

尼克森總統宣布終止美元和黃金的自由兌換。

10月28日

英國下議院以356票贊成、244票反對、和22票棄權，通過由保守黨首相奚斯所協商讓英國加入歐洲經濟共同體的條件。工黨領袖威爾森明白表示，如果工黨執政，他將重新協商這些條件。

1972年

1月22日

丹麥、愛爾蘭、挪威和英國簽訂〈羅馬條約〉，成為歐洲經濟共同體的會員國。但是在9月26日舉行的公民投票中，挪威人表決不加入。

4月23日

在一項法國公民投票中，67％的選票贊成歐洲經濟共同體的擴大。

4月24日

為了維持歐體各國貨幣的穩定，會員國同意和美元兌換的波動率限制在2.5％之內。這項措施通常被稱為「管中之蛇」(snake in the tunnel)，可以視為是歐洲共同／單一貨幣的前身。

1973年

1月1日

英國、丹麥和愛爾蘭正式加入歐洲經濟共同體，過渡期為五年。

10月6日

埃及和敘利亞在贖罪日時攻擊以色列。10月25日，蘇聯除了在外交上表態支持外，更派遣二十萬名空降部隊，援助埃及和敘利亞，以防止受到包圍的埃及第三軍團被以色列人殲滅。美國宣布所有核武全面進入緊急狀態，從而遏止了蘇聯的軍事行動。蘇聯和以色列兩國均有所節制，避免採取進一步的行動。在11月4日停火協定簽訂之前，多數成員為埃及盟友，同時多為阿拉伯回教國家的「石油輸出國家組織」聲明：將禁止販售原油給支持以色列的國家。由於中東提供全世界三分之二的原油，石油輸出國家組織得以自1973年1月1日到1979年1月1日，將油價調漲475％。荷蘭政府因此將1973年11月4日制定為「無車日」，廣泛引發對當代文明終結

的憂慮。石油輸出國家組織最終並未禁賣石油，而是將原油價格提高四倍；1979年伊朗國王政權被柯梅尼的回教軍事強權所替代，油價再度劇烈攀升。

1974年

4月1日

在過渡期間的三個新會員國：英國、丹麥和愛爾蘭首度降低關稅，降幅為40％，並且將稅率調整到和共同對外關稅一致。

4月2日

2月28日當選的英國威爾森工黨政府，要求重新協商英國加入歐洲經濟共同體的條件。

12月9–10日

巴黎舉行的高峰會議中，九個會員國的政府首長同意每年固定集會三次，這就是所謂的「歐洲會議」（European Council，或Council of Europe）。歐洲會議和歐洲共同體執行委員會(Council of the European Communities)不同，歐洲共同體執行委員會是歐洲經濟共同體、歐洲原子能組織和歐洲煤鋼組織的主要決策機構。各國政府首長也決定以直接選舉產生歐洲議會(European Parliament)，並且成立歐洲區域發展基金。

12月12日

歐洲議會第一次投票表決通過共同體的預算。

1975年

2月28日

　　歐洲共同體和四十六個太平洋和非洲國家簽訂第一次〈洛梅公約〉(Lomé Convention)。這讓法國和英國得以維持和原先殖民地的聯繫，而這些國家外銷到歐洲共同體的農產品，有99％享有保證價格，免付共同對外關稅。

6月5日

　　英國舉行公民投票，67％的選票支持工黨政府所協商英國加入歐洲經濟共同體的新條件。

7月22日

　　簽訂條約成立歐洲審計院，於1977年正式運作，該條約同時賦予歐洲議會更多預算權。

1976年

7月7日

　　正式開始希臘加入歐洲經濟共同體的官方協商。

1977年

1月1日

　　規定會員國沿海200浬內為漁業經濟區，共同體會員國在此海域內均有相同的權利。

3月28日

　　葡萄牙申請加入歐洲經濟共同體，7月28日西班牙跟進。

12月31日

　　讓英國、丹麥和愛爾蘭將其農產品價格調整到和其他會員國

一致的過渡期結束。

1978年

7月6–7日

在德國不來梅召開的歐洲會議中，法國和西德提出更密切的貨幣合作計畫，包括成立歐洲貨幣系統來替代「管中之蛇」的制度。

10月17日

開始進行葡萄牙加入歐洲經濟共同體的協商。

1979年

3月13日

推行歐洲貨幣系統。歐洲貨幣單位(European Currency Unit, ECU)的幣值，係依據歐洲經濟共同體所有貨幣和美金的兌換率的加權比重總和，目前一個歐元約和零點八三英鎊等值。

6月7–10日

歐洲議會舉行第一次歐洲議員直接選舉，目前歐洲議會有六百二十六名議員。除了英國之外，其他會員國均採行比例代表制度。社會主義聯盟擁有60％的選票，為歐洲議會中最大的單一政黨。

11月19–30日

在都柏林高峰會議中，自1979年5月執政的柴契爾夫人，要求降低英國補助歐洲預算的金額。

12月13日

歐洲議會首度以288票對64票，否決執行委員會提出的預算

案，目的在於刺激共同農業政策的改革。

12月20日

在北約年度會議中，北約決定在英國、義大利和西德布署美國巡弋飛彈和潘興飛彈，以抗衡蘇聯在東歐布署的SS-20中程核子彈。

12月24日

四萬名蘇聯部隊入侵阿富汗，以支持馬克斯政權對抗回教基本教義派的民族反抗軍。

1980年

10月10日

由於過度生產以及需求降低的結果，引發鋼鐵工業的嚴重危機，部長理事會根據1951年〈巴黎條約〉的規定，正式宣布歐洲煤鋼組織處在一個危機的階段，所以對九個會員國所有的鋼鐵工業進行生產配額的限制。

1981年

1月1日

希臘正式成為歐洲經濟共同體的第十個會員國。

5月10日

密特朗當選為法國第五共和總統，而在6月舉行的國會選舉中，社會主義政黨自法國第五共和有史以來首度獲得壓倒性的多數。

10月4日

法國政府嘗試藉由公共投資計畫和提高工資來解決嚴重的失

業問題，結果導致法郎的貶值。和義大利里拉一樣，法郎的幣值在歐洲貨幣系統中貶值3%，而德國馬克和荷蘭荷盾則升值5.5%。

1982年

6月12日

法國追求凱因斯通貨再膨脹政策的結果，導致法郎進一步貶值。在歐洲貨幣系統中，德國馬克和荷蘭荷盾繼續升值4.5%，法郎和義大利里拉則進一步貶值2.75%。

1983年

3月21日

法郎在歐洲貨幣系統中繼續貶值2.5%，義大利里拉和愛爾蘭鎊貶值3.5%。德國馬克則升值5.5%，荷蘭荷盾升值3.5%，丹麥克朗升值2.5%，比利時法郎升值1.5%。

1984年

2月28日

推行「機智計畫」(Esprit programme)以研究資訊科技。

4月9日

位於牛津附近寇漢(Culham)的歐洲共同研究中心揭幕，其中部分研究核能和平用途的計畫，是由歐洲原子能組織資助。

5月24日

在對歐洲議會的演說中，密特朗呼籲發展歐洲共同防衛政策，同時針對各處抗議巡弋和潘興飛彈布署的運動發表評

論:「和平主義者都在西歐，但是飛彈卻已經布署在東歐」。
然而，因為法國自1966年以後就退出北約的軍事指揮系統，
所以在法國本土並未布署巡弋和潘興飛彈。

6月

楓丹白露的高峰會議中，歐洲會議對英國預算補助金議案達
成協議。

6月17–24日

第二次直接選舉四百三十四位歐洲議會議員，這次選出的歐
洲議員將在6月底第一次在史特拉斯堡召開歐洲議會。歐洲
議會的行政機關設在盧森堡，而各委員會則設在布魯塞爾。

1985年
1月1日

新的歐洲執行委員會開始其五年的任期，戴洛爾辭去法國財
政部長職位，被選為委員會主席；並於1990年再度連任。

12月2–4日

在盧森堡的會議中，歐洲會議決定採用〈單一歐洲條款〉，
而單一市場必須於1993年1月1日之前完成。

1986年
1月1日

西班牙和葡萄牙加入歐洲經濟共同體，十二個會員國的人口
總數為三億二千一百萬人。

2月17日

簽訂〈單一歐洲條款〉，該條款於1987年7月1日起生效，整

理會員國資格相互認證、開放公共建設合約、資本自由流
通，朝向統一加值稅和貨物稅、減低國家對私人企業的補
助。這項條款也將多數決表決方式引進部長理事會，同時增
加歐洲議會的權力。

1987年
2月
土耳其申請加入共同體。
10月27日
西歐聯盟在海牙會議中採納聯合安全計畫。

1988年
2月
由德國總理柯爾擔任主席，在布魯塞爾召開的歐洲會議中，
同意對共同農業政策、共同體預算平衡、以及結構基金進行
改革。
9月15日
在布魯日的演說中，柴契爾夫人批評以戴洛爾為代表的朝向
社會主義聯邦歐洲的趨勢，力倡維持一個由獨立的民族國家
和自由市場經濟所組成的歐洲。密特朗總統則相反地辯稱，
如果沒有強化的歐洲貨幣系統，是不可能達到資本自由流通
的目的。

1989年
2月7日

戴洛爾發表他關於經濟和貨幣聯盟的報告，建議將1999年1月1日問世的歐洲單一貨幣分為三階段推行：加強現存的匯率合作、成立一個歐洲銀行聯盟、以及建立固定的匯率。

11月9日

東德當局突然允許東德居民自由的從1961年8月13日豎立的柏林圍牆通行。這項決定事先已經獲得蘇聯的首肯，代表歐洲冷戰的結束，也促成了1990年10月3日德國的統一。當初一般認為是西方贏得了冷戰，但這說法已間接地被淘汰，原因之一是西德現在必須將以往成功建立歐洲共同體的經濟實力，專注於重建東德的經濟。

12月12日

在史特拉斯堡召開的歐洲會議中，除了英國拒絕參與之外，其餘十一個會員國皆同意施行〈社會條款〉。同時，十二個會員一致認為召開經濟和貨幣聯盟的跨政府會議時機已經成熟，同意在1990年底之前召開。

1990年

5月11日

西德和東德在波昂簽訂〈貨幣聯盟條約〉。

6月19日

法國、德國以及荷、比、盧三國簽訂〈申根公約〉，廢除彼此邊界上的護照管制。義大利、西班牙和葡萄牙隨之加入「申根集團」。然而由於為追蹤恐怖份子和犯罪集團所必需的電腦科技設備遲遲未完成，以及法國恐懼非法移民大規模入境，所以〈申根公約〉仍然尚未貫徹實行。

10月3日

德國統一。

10月5日

英國加入歐洲貨幣兌換機制，固定一英鎊兌換二點九三馬克
的匯率。

1991年

12月11日

簽訂同意成立歐洲聯盟的〈馬斯垂克條約〉，該條約為未來
歐洲統一建立三個基礎點：首先，為1991年歐洲共同體已經
達到的階段；另外，是擴充部長理事會的職權，決定歐洲共
同外交以及安全政策的發展；最後，加強在司法和內政事務
上的合作，由部長理事會統合難民庇護、移民、跨邊界犯
罪、出入境管制、毒品走私和國際恐怖份子等政策。

1992年

6月2日

丹麥公民投票否決〈馬斯垂克條約〉。這個結果使一般人懷
疑成立經濟和貨幣聯盟的可能性，同時也在貨幣市場上，投
下了不確定的變數。

9月16日

英鎊在「黑色星期三」這一天貶值到僅能兌換二點二五馬
克，被迫退出歐洲貨幣兌換機制，一般認為這是比較實際的
匯率。英鎊貶值使英國經濟表現有所起色，出口增加，到
1996年之前，相對於法國12％和德國13％的失業率，英國工

作人口的失業率僅有7.6％。然而在1997年4月之前，英鎊又回升到一英鎊兌換二點八三馬克的匯率。

9月20日

在競爭激烈的公民投票之中，法國人民以些微差距通過〈馬斯垂克條約〉；而在1993年5月18日第二次的公民投票之中，丹麥人民改變主意，同樣贊成通過〈馬斯垂克條約〉。

12月31日

歐洲單一市場計畫正式完成。

1993年

8月

由於國際貨幣市場不斷波動，歐洲貨幣兌換機制終止官方設定的2.5％上下波動範圍，而提升到6％的中等範圍；如果必要的話，可提升到15％的範圍。

11月1日

〈馬斯垂克條約〉正式生效，歐洲聯盟（European Union，簡稱歐盟）成立。

1994年

1月1日

歐盟成員和其他歐洲自由貿易區成員建立歐洲經濟區域，以加強雙方的合作。

1995年

1月1日

奧地利、芬蘭和瑞典成為歐盟的成員。

6月1日

廢除邊界管制的〈申根公約〉正式生效。

1996年

9月3日

席哈克和密特朗在波昂訪問時堅決表示，即使法郎和馬克維持固定匯率(france fort policy)，對法國經濟已經造成傷害，歐洲單一貨幣仍將如期在1999年1月1日推行。

12月

歐洲會議在馬德里會議中確認，歐洲單一貨幣將如期於1999年1月1日實施。

1997年

5–6月

5月1日，工黨在英國大選中獲得大勝，似乎增加歐洲統一的機會；法國社會主義政黨在5月25日和6月1日的選舉中勝利，似乎對1999年1月1日推行的單一貨幣的計畫有所阻礙。在6月15–17日阿姆斯特丹的歐洲會議中，法國意圖把注資源以降低失業率，與德國堅持遵守於1993年在馬斯垂克所通過的貨幣主義標準，兩者之間似乎明顯的達成一個妥協。

（譯者註：由於本書於1997年完成，因此譯者附上1997年至1999年3月歐盟發展的重要進程。）

1998年
5月2日

歐盟會員國決定1999年1月1日參與第一波歐元的國家名單：
德、法、荷、比、盧、義、西、葡、愛爾蘭、芬蘭、奧地
利，而英國、瑞典、丹麥、希臘等四國尚未加入。希臘希望
加入，但因為不符合〈馬斯垂克條約〉門檻標準而未能加
入，其餘三國則持觀望態度。丹麥於12月31日表示，該國將
於2001年時舉行公民投票，以決定是否成為歐元第二波成
員。

1998年12月31日-1999年1月3日

稱為轉換週(Conversion weekend)，1999年1月1日歐元誕生，
於1月4日正式上市。歐洲統一的貨幣政策正式啟動，歐洲央
行開始運作，新發行的政府債券以歐元計值，流通中的政府
債券改以歐元計值，各國通貨以歐元計值。

1999年
1月1日

歐洲單一貨幣歐元(Euro)正式施行。在初期，歐元用途將限
於銀行結算及證券交易的記帳單位。各會員國紙幣與鑄幣仍
為法償貨幣，且採「不強迫、不禁止」原則來使用歐元。
2002年初將正式發行歐元通貨，至年中將完全取代各國貨
幣。

1月11-14日

1999年1月11日時，歐盟執行委員會爆發了管理不當以及預
算的醜聞。執行委員會主席桑提和歐洲議會達成協議，桑提

保證嚴格督察執行委員的操守，而歐洲議會同意否決對歐洲執行委員會的彈劾糾正案。1月14日時，歐洲議會表決，通過對這些指控進行調查的提議。歐洲議會指派五位來自瑞士、西班牙、比利時、法國和荷蘭的獨立委員，組成調查委員會，針對醜聞進行調查。

2月24日

英國首相布萊爾指出，2002年大選後，英國將舉行公民投票表決是否加入歐元。

3月11日

經過三個星期的協商，歐盟農業部長就農業津貼重大改革方案達成協議，根據協議，歐盟將自2000年到2006年每年削減四百五十億美金的農業補助預算，保證價格削減幅度將高達20%。

3月16日

調查委員會在五個星期之後公布調查結果，嚴厲批評歐洲執行委員會的運作，甚至指控：「歐洲執行委員會是集體責任制，在實際上，卻使所有的執行委員拒絕接受任何個人因過失而當負擔的責任，甚至很難發現任何執行委員有絲毫的責任感。」但是法國政府及執行委員會主席桑提，均表態支持備受調查委員嚴厲批評的克理森女士。為了履行集體責任的要求，歐盟執行委員會主席桑提以及所有二十名執行委員提出辭職。歐盟的法律規定，桑提以及其他二十名執行委員仍必須擔任看門人的角色，直到替代的人選產生為止。3月24-25日在柏林召開的歐洲高峰會議，將針對下一任的執行委員會主席，以及執行委員人選進行討論。

第一章 歷史

一 煤、鋼和主權

歐洲聯盟（European Union，簡稱歐盟）源於1951年4月18日〈巴黎條約〉中所成立的歐洲煤鋼組織(European Coal and Steel Community, ECSC)。歐洲煤鋼組織近程的政治目標，是透過緊密結合法、德經濟中兩項基礎工業：煤的開採和鋼的製造，以避免兩國未來的衝突。1870年，普、法之間爆發了自1815年拿破崙戰爭結束之後、第一次世界大戰爆發之前，唯一重大的歐洲戰爭。在1914年和1918年之間，德、法間的衝突成為第一次世界大戰的主因，並且引發第二次世界大戰。為了避免第四次的衝突，必須將兩國的經濟緊密結合成為一體，使兩國實質上不可能再發生衝突。就目前的情形看來，德、法兩國，或者可以說歐盟十五個會員國之間會發生衝突是難以想像的 ❶。就這一點而言，歐盟第一個近程的政治目標已經完全達到。

1950年5月9日，法國外交部長舒曼(Robert Schuman)提議建立歐洲煤鋼組織，這項提議受到西德總理阿登諾爾(Konrad Adenauer)熱切的歡迎。法、德兩國於是邀請其他西歐國家加入。比利時、義大利、荷蘭和盧森堡接受這項提議。他們一致認為隨著歐洲煤鋼組織的成立，不但可將本國經濟和西歐兩大經濟強國結合，同時可避免另一次戰爭。舒曼於1886年出生在盧森堡一個自洛林移民而來的法國家庭。洛林是法國在1870年普法戰爭戰敗之後，割讓予德國的兩省之一。舒曼於1914–1918年第一次世界大戰時，被迫於德軍中

---

❶ 會員國名冊及其入會日期，乃至隨後發展成為歐洲煤鋼組織的過程，請詳見〈大事記〉。

服役。1918年之後，法國收復了亞爾薩斯和洛林兩省，舒曼正式恢復法國公民，他敏銳且深刻地瞭解到德、法兩國之間必須達成一個和解。

自十六世紀以來，德、法兩國之間衝突不斷。法國的法蘭西斯一世和西班牙國王兼神聖羅馬帝國皇帝查爾斯五世之間的衝突，使戰火蔓延到法國南部和義大利；1536年，戰爭也在其聯盟法國天主教徒和好戰的土耳其回教徒間爆發。十七世紀時，為了削弱奧地利皇室的勢力，法國蓄意延長三十年戰爭(1618-1648)。奧地利皇室的權威涵蓋現今德國的大部分，而法國路易十四的軍隊使奧地利治下的封建領地殘破不堪。十九世紀初期，法國拿破崙一世在被英、俄、普、奧的聯軍擊敗之前，曾經擊敗並羞辱普魯士和奧地利兩國。稍後，當普魯士在普奧戰爭中(1867)擊敗奧地利之後，俾斯麥認為普魯士統一德國的最大障礙在於法國，所以統一的捷徑在於掀起和法國的爭端。在1870年7月18日，俾斯麥藉口掀起普法戰爭；法國戰敗後，於1871年1月在凡爾賽宮的鏡廳簽訂〈巴黎條約〉，德意志第二帝國正式誕生。德意志第二帝國統治德國直到1918年第一次世界大戰戰敗崩潰，被威瑪共和(1919-1933)取代。

德國以政治及經濟上的原因，要求戰敗的法國於1870年割讓洛林和亞爾薩斯兩省，並將這兩省納入新建立的德意志帝國轄下。洛林蘊藏豐富的鐵礦與德國魯爾盆地的煤礦相結合，使德國成為歐陸最大的鋼鐵工業國，甚至很快即可超越英國。因此，法國參加第一次世界大戰的主要目的之一，在於收復洛林和亞爾薩斯兩省；1919年的〈凡爾賽和約〉雖然達成了法國的心願。但隨著1940年法國戰敗，希特勒追隨德意志第二帝國皇帝威廉二世(1870-1919)的腳步，將亞爾薩斯、洛林兩省和部分法國北方領土併入德意志第三帝國。

　　直到德國於1945年戰敗，亞、洛兩省又再度歸還法國。舒曼並不是唯一警覺到德、法之間根源於第一次世界大戰所樹立的敵意，同時認為兩國的恩怨必須告一段落的歐洲政治家。

　　莫內(Jean Monnet)是一位企業家、經濟學者和政治思想家，他在第二次世界大戰之後，將精力投入在邱吉爾所說的「歐洲合眾國」(the United States of Europe)的創建。他向舒曼提出整合歐洲兩項基礎工業——煤、鋼——的建議。在1950年代，西歐70％的能源需求來自煤礦，而如果缺乏鋼鐵，則沒有一個國家可以擁有一支有效率的軍隊。莫內認為：如果將法國和德國境內的煤礦和鋼鐵廠納入國際組織的控制，那麼兩國之間再要發生戰爭自然是不可能的事，舒曼同意他的論點。然而，英國卻因為下列即將討論的許多原因，拒絕成為歐洲煤鋼組織的創始會員國。歐洲煤鋼組織可說是1991年成立歐盟的起源。

　　歐洲煤鋼組織成功的達到其近程的經濟目標和長程的政治目標。就經濟目標而言，它讓法國取得魯爾區豐富的煤礦，同時終止了雙重價格體系。在雙重價格體系下，德國售予法國洛林鋼鐵廠的煤礦，價格比在西德提煉的煤礦貴46％ ❷。歐洲煤鋼組織同時在1958年之前廢除了六會員國之間煤、鋼交易所有的關稅障礙；自1951年〈巴黎條約〉簽訂到1958年之間的過渡期，六會員國之間的貿易量增加151％，煤礦增加21％，鐵礦增加25％。自從1970年代以來，如何管理這兩項傳統工業的問題日漸重要。而在〈大事記〉中曾記述這個問題在1980年時如何處理。回顧過去五十年歐洲統一

---

❷　關於歐洲煤鋼組織的經濟層面更詳盡的討論，請參照Martin J. Dedman, *The Origins and Development of the European Union, 1951–1995*, Routledge, London and New York, 1996, pp. 60–69.

運動的發展脈絡，歐洲煤鋼組織最重要的貢獻，在於提供解決或克服其他問題的典範。

政治上而言，歐洲煤鋼組織為1958年所成立的歐洲經濟共同體提供一個起點。根據歐體的「指令」(Directives)，各會員國同意將傳統上一些重要的國家經濟管理權，移交給超國家組織的「高級公署」(High Authority)。高級公署包含九位成員，任期六年。其中八位成員由六個會員國政府指派；最後一位成員則由這八位遴選產生。高級公署有權決定生產價格及標準，同時提供有利的條件，例如：比利時煤礦工業可以得到德國和荷蘭的補貼，而義大利則可以利用法國在北非屬地的煤礦。

歐洲煤鋼組織的另一貢獻在於移除另一個國際衝突導火線：將薩爾煤礦區和日漸密切的歐洲鋼鐵生產整合在一起。1919年之後，〈凡爾賽和約〉聲明：德國是第一次世界大戰的禍首，因而將其主要的工業區——薩爾區——納入新成立的國際聯盟管轄；並由法國政府管理其煤礦工業。法國佔領薩爾區的決策令德國人感到相當的憤慨；而法國人對薩爾區公民投票決定回歸德國(1935)，認為是法國在政治上遭受重大挫敗。第二次世界大戰之後，曾提議將薩爾區納入國際管轄之下；但於1957年1月公民投票表決中，薩爾區民眾卻決定回歸德國。然而此次由於煤、鋼生產已經納入歐洲煤鋼組織的管制，並非各國可以獨自決定的事務；所以，法國對於薩爾區重回德國懷抱一事相當的低調。

二　政治、國家主義和軍事防衛

1951年〈巴黎條約〉簽訂之後，在歐洲其他地區所發生的一連

串事件顯示，英國可能婉拒加入比利時、法國、西德、義大利、盧森堡和荷蘭的行列，成為歐洲煤鋼組織的創立會員國。英國的決定有許多原因：第一點，擔任工黨首相的艾德里(Clement Attlee,1945–1951)曾經指出：「我們不會加入一個國家團體，其中的四位成員才剛被我們自其他兩位成員手中拯救出來。」在第二次世界大戰之後不久，艾德里的此番評論是可以理解的。

1940年，也就是歐洲煤鋼組織成立的前十一年，德國轟炸英國並準備侵略英國。法國第三共和(1871–1940)崩潰，由貝當(Marshal Petain)簽訂停戰協定，第三共和隨即被維琪(Vichy)政權替代，採取和納粹德國合作的政策。荷蘭曾嘗試維持中立，但沒有成功；比利時並不是個可靠的盟邦；墨索里尼領導下的義大利，在英、法兩國軍隊敗退之後，於1940年6月10日對英、法宣戰。相對而言，澳大利亞、紐西蘭和加拿大自始至終都反抗德國。當日本在1941年12月7日偷襲珍珠港時，希特勒立即履行軸心國的協定對美國宣戰。美國考量西歐解放的重要性，遠勝於美國在太平洋的利益，因此投注全力對抗德國。

艾德里的評論，同時回應了英國長久以來對西歐和世界其他地區的態度。自十六世紀以來，英國自居為海權國家，而且認為英國偶爾涉足歐陸政治，結果通常是得不償失。1980年代初期在英國國家廣播公司播出的節目「是的，部長」(*Yes, Minister*)一集中「牆上的字跡」(*The Writing on the Wall*)，職業官僚愛波比爵士對部長海客先生解釋說：英國政府

> 至少在過去的500年中，皆擁有相同的外交政策目標；也就是創造一個分裂的歐洲。為了歐洲的分裂，我們幫助荷蘭人

對抗西班牙人、幫助德國人對抗法國人、幫助法國人和義大
利人對抗德國人、最後又幫助法國人對抗義大利人和德國
人。

　　儘管他的評論顯然過於輕率，但是確有史實上的根據。在1585
年，英格蘭干預並支持西班牙屬地 —— 荷蘭的革命，以對抗西班牙
的菲力普二世，並在西班牙繼承戰爭(1702–1773)中領導一個對抗法
國的同盟，其中包括了奧地利和荷蘭。在1793年到1814年之中，英
國和奧地利、普魯士以及俄羅斯結盟，共同對抗法蘭西第一共和及
拿破崙一世，以防止法國在西歐稱霸。在1914年到1918年之間，英
國和法國、俄羅斯結盟對抗德國及其盟友義大利，以及在第二次世
界大戰中對抗德、義軸心同盟。冷戰期間(1946–1989)，英國與法
國、德國、義大利聯合對抗蘇聯，因為蘇聯的勢力威脅席捲整個歐
洲。

　　和英國現實政治相輔相成的是權力平衡政策，是藉由歐陸上彼
此敵對勢力的相互對抗，以維持歐陸的權力平衡。英國對於與歐陸
的關係帶有道德優越感的色彩。在他們看來，英國武裝所干預的歐
陸國家，通常被定義為：以暴虐對待臣屬，或是侵略鄰國。這種論
調或許缺乏可靠的基礎。對英國而言，西班牙菲力普二世是一個叛
教的天主教徒，在1492年驅逐西班牙裔猶太人，同時極力的搜索迫
害異端。在英國史學家自稱的「輝格派理論」(whig theory)中，法
國路易十四對於少數團體的權和所謂的宗教自由顯得漠不關心；
他於1685年自法國驅逐將近一百萬名的新教徒。對英國人而言，路
易十四和菲力普二世都想要在西歐建立一個軍事和意識型態的霸
權。對英國和其他國家而言，拿破崙一世於1799年建立的獨裁制

度，也是追求同樣的目的。第一次世界大戰時，德國的目的，在於將法國納為其附庸國；第二次世界大戰期間，德國政策的主要目標在於將法國削弱為附庸國，其次是盡可能的屠殺猶太人，以建立一個永久的獨裁專制政權❸。

當然英國人在看待他們的歷史時，不免有些自以為是的態度。同時也忽略了他們曾經迫害異端、征服威爾斯、屠殺愛爾蘭人和蘇格蘭人，並且立法懲罰羅馬天主教徒，這項立法直到1829年〈天主教解放條款〉訂定時才告終止。因此，國家行為通常受到缺乏客觀立場的自我偏見所主宰。1940和1950年代間，英國政府對歐洲煤鋼組織的態度，確是受到一些具體的經濟和政治因素所影響。

1948年1月1日，英國將煤礦收歸國有；自1945年起在下議院掌握超過一百個席次以上的工黨也在1949年時將鋼鐵業國有化。歐洲煤鋼組織是採行公、私有制並行。例如，法國的煤礦工業屬於國有企業，在德國卻不是。在六個會員國中，並無任何國家將鋼鐵業國有化。從西德的自由企業經濟能夠從第二次世界大戰後的瘡痍中迅速復原的情形看來，西德並無實行社會主義的必要。相對而言，英國最大政黨則認為，社會主義是建立一個健全經濟的基礎。

歐洲煤鋼組織的高級公署由六個會員國指派的代表組成。他們的政策必須受到歐洲議會的監察和討論。歐洲議會是由比利時、盧森堡、法國、西德、義大利和荷蘭的國會議員之中，遴選出代表所

---

❸ 德國在1914年到1918年的戰略目標參閱德國史學家Fritz Fischer, *German War Aims in the First World War*, Oxford University Press, Oxford, 1967. 德意志第二帝國的野心在於併吞比利時和盧森堡，使法國成為其附庸國。在這些地區抵制所有英國的貨物，並且撤除本國陸軍的防衛，同時將法國和比利時在非洲的殖民地讓渡給德國。

組成。同時設立一個獨立法庭，以解釋結合這六國在1951年4月18日所簽署的〈巴黎條約〉。但不論是高級公署或是後來歐洲議會的雛形，對於資源利用的主導皆無法像一般國家的政府對待其國有企業那樣。高級公署設定配額，提出保證價格，並且設定自由公平競爭的規則；其餘則放任市場運作。這種理念和當時英國執政黨的思維是背道而馳的。

英國對於應否參與歐洲統一進程的態度，也受到發生於歐洲之外一系列事件的影響而更加猶豫。而此顧慮也回應了蘇聯和其西方盟國之間因對抗納粹德國而產生的緊張衝突。早在1945年之前，蘇聯已表示並無意在蘇聯紅軍佔領下的國家，如波蘭建立西方議會政府。但蘇聯卻在阿爾巴尼亞、保加利亞和匈牙利建立附庸國，並在1948年2月25日，藉由政變推翻半獨立的捷克斯洛伐克政府。捷克斯洛伐克的首相馬查克(Jan Mazaryk)，被殘忍的丟出窗外身亡。

1945年德國戰敗之後，被劃分為四個區域，分別由英、法、美、蘇四個戰勝國佔領。和處理1944–45年被佔領的其他東歐附庸國一樣，蘇聯於1949年10月，在其佔領區內成立德意志民主共和國（東德），將自1917年革命以來的蘇聯式一黨專政制度強加於東德。從西方的觀點來說，邱吉爾在1946年3月5日於密蘇里州福爾敦城的演說中指出：「自波羅的海的斯賽新港，到亞德里亞海的迪里雅斯德港的鐵幕已經建立。」目的是讓東歐的集權國家在蘇聯領導以及庇護之下，準備對西歐的攻擊。

1950年6月24日星期六，北韓突然侵襲南韓。這項突襲行動令人回想到1930年代，希特勒數次試探西方國家，而每次試探都證明了民主國家對抗軍事侵略者的無能為力。希特勒偏好在週末出其不意發動攻擊，因為一般人在週末時心情較放鬆享樂。而1950年6月

24日星期六，正是溫布頓網球賽開賽前兩天，更是落井下石。在1936年3月7日星期六，希特勒入侵萊因河非武裝區；在1938年3月13日星期日，希特勒毀棄〈凡爾賽和約〉中的另一項條款，成功地合併了德國和奧地利 ❹。1938年的9月，希特勒脅迫英、法兩國毀棄他們對捷克斯洛伐克的盟約，並且同意德國對蘇德坦區的主權要求。而在1939年3月15日，希特勒撕毀〈慕尼黑協定〉，佔領捷克斯洛伐克剩餘的領土，這是唯一一次在星期三。

在1948年6月，當蘇聯決定封鎖到西柏林的所有水、陸通道時，英、美、法三國就已經接收到蘇聯首領史達林的警告訊號。和德國領土一樣，柏林也在1945年被劃分為四個佔領區；這對西方盟國而言是不利的，因為柏林孤立在蘇聯佔領區九十里以內。蘇聯企圖經由封鎖，迫使英、法、美三國自西柏林撤軍，但並未成功。在

---

❹　敵對的雙方，有侵略性的一方越傾向於在對方追求和平寧靜的時刻展開攻擊。例如，在1973年10月中東的回教國家趁著贖罪日前夕發動最後一次戰爭，企圖摧毀以色列。在1914年8月1日星期日，德國對法國和蘇聯宣戰。希特勒在1939年9月1日星期五，發動第二次世界大戰，讓英國沒有任何選擇，只能在9月3日星期日對德國宣戰。在1941年6月21日星期六，希特勒侵略蘇聯。在影片《從此到永恆》(*From Here to Eternity*)中有一幕拍攝所有的鐘都指在1941年12月7日星期日七點五十分，來象徵日本偷襲珍珠港的罪惡日。在1956年11月4日星期日，蘇聯坦克進駐布達佩斯，粉碎匈牙利人民追求獨立、反抗蘇聯的企圖。1961年8月13日星期日，東德封閉東、西柏林的邊界，而採取建立柏林圍牆的第一步。也有比較正面的行為，例如在1962年10月27日星期日中午，蘇聯宣布自古巴撤除飛彈。這一事件合理化了警察「Z車」(Z CARS)計畫的終止。無論對成立歐洲聯邦的措施有何疑慮，這些疑慮似乎並不會因為一個平和的週末被無由的侵略舉動打斷而加深。

1948年6月24日到1949年5月12日，英、法、美三國總共使用二十萬架次的空運補給，以維持二百五十萬西柏林居民的生存。

儘管空運中包含大量的煤炭，是為了使西柏林人能度過嚴冬；但是更多焦炭和煤炭的供應，也顯示出西德快速成長的工業。這例子附帶說明了冷戰如何刺激1945年後西歐經濟的復甦。柏林的封鎖也指出，西方國家必須重整軍備，以抵禦東歐挑釁的外交政策。1950年6月24日北韓入侵南韓以及之後發生的許多事故，均顯示了自1951年4月〈巴黎條約〉簽訂之後的歐洲統一運動，除了必須在經濟、政治和軍事整合之外，另一成功要件是必須同時重整軍備。

由歐洲人自行構想和組織的歐洲共同防衛政策，從未曾有機會實現。防禦西歐免於東歐侵襲，所採取的軍事措施是為了保障歐洲整合運動的推行。但是這些軍事措施，大多與1951年隨著歐洲煤鋼組織的建立，而開展的歐洲整合運動無關。早在歐洲煤鋼組織成立前兩年，美國即於1949年4月2日改變傳統的外交政策，在和平時期參與一個聯盟，使美國得以立即干預，並保衛北美洲之外的國家。1949年4月2日，十二個國家在巴黎簽訂〈北大西洋條約〉，建立了北大西洋公約組織(North Atlantic Treaty Organization, NATO)。這十二個國家包括：比利時、盧森堡、荷蘭、法國、英國、義大利、冰島、丹麥、加拿大、挪威、葡萄牙和美國。1952年，希臘和土耳其加入；西德於1955年加入，西班牙於1982年加入。

當時的評論常指出北約的目的是：納入美國、排除蘇聯、壓制德國，和穩定法國。這評論相當準確地總括了北約的基本目標，且提示北約長期所要達到的成就。北約的功能在於提供一個防衛體系，使西歐國家得以不過於依賴當時唯一在軍力上可以和蘇聯抗衡的美國。在北約的架構下，西歐國家將可以共同參與防衛計畫，免

除意見的分歧；而消除意見的分歧是成立統一的歐洲軍隊不可缺少的要件。

　　北約的成功和1954年8月底嘗試成立歐洲防衛共同體的失敗，是一個強烈的對比。根據北約條款，比利時、盧森堡、荷蘭、法國、英國、義大利、冰島、丹麥、加拿大、挪威、葡萄牙和美國等主權國家簽約聲明：對任何一會員國的攻擊行為將被視為對全體的攻擊。艾森豪將軍擔任第一位歐洲聯軍最高統帥，被視為是美國政策延續的象徵。艾森豪將軍曾在民主黨的羅斯福總統下擔任三軍總司令，在1944年和1945年之間解放了歐洲。1949年，他在另一位民主黨總統杜魯門手下任職。杜魯門堅決反對共產黨的擴張侵略，在1950年6月，杜魯門毫不猶豫地派軍援助南韓，以對抗由蘇聯扶持的北韓共黨軍隊。1952年，艾森豪代表共和黨被選為美國總統。北約十二個會員國的軍隊雖說是在一個統一指揮體系下，卻仍維持其國家軍隊的身份。這種安排和法國、比利時、西德、盧森堡、義大利以及荷蘭六國政府，在1952年5月17日所簽訂的〈巴黎條約〉截然不同。

　　根據條約的規定，法國、義大利、荷蘭和比利時的軍隊與德軍一起服役，目的是為了建立一支實質的歐洲聯軍，而不是臨時由各個主權國家派軍組合而成。然而在1954年8月法國國會表決這個條約之前，1952年5月執政的普列文(René Pleven)已經去職，繼任的法蘭西(Pierre Mendès France)對於歐洲防衛共同體的觀念不感興趣。雖然建立歐洲防衛共同體的提議受到美國大力的支持；因德國軍隊十年前才佔領法國，所以不論其政治立場如何，沒有一個法國人不對這項提議抱持高度懷疑的態度，深恐這將提供德國重新武裝的機會。

　　因為〈巴黎條約〉明顯地在於直接對抗蘇聯，對此懷有敵意的
共黨左翼議員便結合戴高樂右翼，於1954年的法國國會中阻撓通過
這個由普列文簽署的條約，結果以319票對264票被否決。1954年10
月23日簽訂的〈布魯塞爾條約〉建立了西歐聯盟(Western European
Union, WEU)，根據該條約，英國放棄長久以來的孤立傳統，派遣
兩旅軍隊常駐歐陸。英國的參與減低了法國對於德國主宰歐洲軍事
防禦事務的疑慮，使歐洲國家得以簽訂新約，布署軍隊以補北約的
不足。英國媒體的評論員急切的駁斥歐洲煤鋼組織已經減低法、德
之間敵意這一論調；反而強調歐洲和蘇聯之間的冷戰，在當時而
言，這冷戰隨時都可以轉變成熱戰；同時將他們拒絕認知歐洲煤鋼
組織為歐洲統合及解決歐洲歷史上德、法衝突新里程碑的行為合理
化。他們引用卡羅爾(Lewis Carroll)在*"The Hunting of the Snark"*一
詩中的詩句：

　　　　山谷越來越狹隘，寂靜無聲
　　　　當夜更深更冷
　　　　因為恐懼，而非彼此之間的善意
　　　　他們並肩前進

三　市場、冷戰和歐體的擴大

　　西歐國家在1950年代中期之前便瞭解，即使沒有英國的參與，
他們仍然可以應付得宜。在西德恢復所有主權，成為北約的一員之
後，歐洲煤鋼組織的六會員國隨即於1955年6月召開莫西拿會議，

計畫將歐洲煤鋼組織轉變為歐洲經濟共同體。1957年3月25日簽訂〈羅馬條約〉，成立了歐洲經濟共同體和歐洲原子能組織(Euratom)。這兩個組織的主要目標已經包含在組織名稱之中。第一，這是歐洲區域性組織；第二，目的在於加深和擴展歐洲煤鋼組織已經達到的成就；第三，藉由共同的對外關稅，在經濟上將會員國和世界其他國家分開。

　　無論貨品產自何地，也不論自哪一國輸入，一律課徵同樣稅率。在布魯塞爾行政用語中，非會員國就是所謂的「第三國」(Third Countries)。由法文直接轉寫的「第三國」(pay tiers)一詞，對於英語系國家而言有些奇怪；英語中第三國一詞時常令人錯誤地聯想到第三世界或未開發國家。但此處「第三國」一詞只是歐體會員國之外所有國家的通稱，因此它包含不同類別的國家，諸如西藏和烏拉圭、日本、烏干達、美國和中國，而這些國家唯一的共通處是，他們皆非歐洲國家。

　　歐洲經濟共同體主要著重在工業和商業，而非政治和軍事事務，可說是一個經濟性的組織。但是創始國並不認為共同體只是一個共同市場而已。各會員國不但保有個別主權，同時能與其他會員國融洽相處；除了物質和財政上的私利，會員國彼此還因為其他的原因而結合在一起。除了促進經濟合作和加速生活水準的提升，〈羅馬條約〉第2款也提及在條約規定下促進會員國彼此之間更密切的關係。

　　以歐洲原子能組織為例，其近程目的，在於降低歐洲對自美國和中東進口石油的依賴。早在1956年秋天，西歐因當年10月–11月蘇伊士運河危機，而警覺到其經濟是多麼容易受到中東供給石油的中斷而崩潰。關於此次危機導致美、法、英三國關係的問題，在本

書前列〈大事記〉中有詳細記載。

　　雖然〈羅馬條約〉的官方名稱並不包含「共同市場」一詞，但該條約於第8款中提及如何在十二年的過渡期之間建立一個「共同市場」。第38款提到「共同市場包括農業和農產品交易」。達到這些目的的主要方法是建立共同的對外貿易政策以及共同的農漁業政策。〈羅馬條約〉第3款也提及必須協調經濟政策、折衷社會政策、創造共同運輸政策和設立社會基金，以改進共同體內部工作條件。

　　從1957年7月到11月，比利時、法國、西德、義大利、盧森堡和荷蘭六國國會分別批准〈羅馬條約〉。條約自1958年1月1日起生效。〈羅馬條約〉的長程目標是建立政治上統一的歐洲。然而懷疑一般歐洲人尤其是德國人別有用心的英國評論者，常引用第一任歐體委員會主席——霍斯坦博士(Dr. Walter Hallstein)於1961年的意見：「我們根本不是在經營生意，我們在玩弄政治。」雖然如此，歐體在草創初期，遵循在1951年創立歐洲煤鋼組織的〈巴黎條約〉中訂定的前例；避免一舉就促成歐洲的統一。其首要目標是消除六會員國之間所有的關稅障礙和進出口限額。這過程預計於十二年之內分階段達成。實際上，這過程進行得十分順利，1968年7月1日，六會員國之間最後的關稅廢除，此舉比預定計畫提前十八個月。

　　在1968年，歐體會員國之間的工業產品得以自由流動，比1957年〈羅馬條約〉預定的日期提前十八個月。而歐體在各方面的整合成功，不僅對會員國，同時對其他未加入的國家，例如英國，產生深刻的衝擊。起初英國不願見到任何趨於歐洲統合運動的建立，為了與之相抗衡，便於1960年1月4日成立「歐洲自由貿易區」(European Free Trade Organization, EFTA)。會員國包括英國、奧地利、丹麥、挪威、葡萄牙和瑞士。歐洲自由貿易區和歐洲經濟共同體的差

別在於，前者根本上僅是一個自由貿易區，缺乏一個嚴密的組織架構；後者卻有一個明顯的組織架構。同時前者的會員國得以自行對非會員國課徵不同稅率的關稅。而另外的不同點，在於自由貿易區並不包含農業。

歐洲自由貿易區的成立，除了刺激一般人評論歐洲分裂為六人組和七人組之外；實質上，並未有明顯的成就。歐洲自由貿易區會員國的成長率和歐體國家相比較是略遜一籌的。特別是因為自由貿易區會員國之間並不像法國和義大利、德國和荷蘭緊鄰，可以促進邊界的貿易。大英國協的貿易可以刺激英國經濟成長率的希望並未實現，一部分原因是國協成員諸如澳大利亞，逐漸轉向美國或是太平洋盆地新經濟尋求貿易的機會；更重要的原因是和國際標準比較，大英國協成員的經濟成長率並不是十分出色。當1961年8月10日英國和丹麥政府雙雙宣布申請加入歐洲經濟共同體時，歐洲自由貿易區的失敗就不可避免了。

英國和丹麥的申請加入，引發歐洲經濟共同體發展上首次的重大危機；1963年1月14日，戴高樂將軍於記者會中表示：「一個海權國家以及島國心態的英國」並不具備成為歐洲經濟共同體成員的資格，因此法國將否決英國的申請提案。這項聲明並不出人意外。英國申請加入的談判過程十分艱難，主要爭執點在於農產品保證價格。英國傳統上依賴便宜的進口農產品，而歐洲經濟共同體的政策卻是保證農產品的價格，使農業生產者得以藉由農產品銷售而生存。關於雙方的歧異在第四章中有更詳細的討論，而這歧異點在1965年又使法國和其他會員國爭吵不合。爭議點在於共同體與其會員國之間的關係，法國認為共同體是歐洲主權國家之間的組織，而其他會員國則相信共同體本身將逐漸演變成為一個政治統一的歐

洲。

英、法歷史上的強權競爭，並不是法國否決英國加入的主要原因；雖然此時兩國均因為兩次世界大戰而國力嚴重受損，但是兩國對美國在歐洲的企圖，以及歐洲整合未來的發展方向有嚴重的歧異。法國懷疑美國在世界政治上愈來愈具支配性的地位；對美國和英國而言，美國的勢力和決心是防止蘇聯主宰整個歐洲的唯一因素，英、法兩國對於歐洲經濟共同體發展時的國際政治和軍事環境也有不同的看法。

自從蘇聯於1957年10月4日成功發射第一枚人造衛星史普尼克號起，蘇聯新領袖赫魯雪夫便採取高度侵略恐怖的外交政策。特別是自1958年11月28日之後，蘇聯嘗試一連串類似1948年和1949年封鎖西柏林的政策。雖然這項政策表面上看似無害，也就是蘇聯提議和東德簽訂和平條約，但沒有一位觀察家對此存有幻想。西德於1955年成為北約的一員，但沒有一個北約會員國承認東德是合法的政府，仍然認定是蘇聯的佔領區。由於歐洲經濟共同體六個會員國皆為北約成員，因此他們的態度自然和北約相同。他們認同美國要求蘇聯負責西柏林通路順暢的主張。西柏林二百五十萬居民的權利，是受到英、美、法三國總數一萬名士兵的保障。

在1939年，邱吉爾比喻蘇聯是一個謎中謎，並接著評論，也許有把鑰匙可以開啟這個謎。從1950年代末期和1960年代初期柏林危機的事件中，可以發現要找到這把鑰匙並不困難。蘇聯威脅要和東德單獨簽訂和平條約的這項舉動看起來並不單純；赫魯雪夫在許多場合並不諱言簽約的真正目的。赫魯雪夫宣稱，發射史普尼克衛星象徵在美、蘇軍備競賽中，蘇聯即使不是佔優勢，至少也已經和美國平分秋色。因此美國如果堅持要維持西柏林通道的權利是非常危

險的，因為如果美國派遣補給運輸隊進入西柏林，拒絕東德當局檢查文件的要求，那麼蘇聯將不可避免地會以維護其盟友的主權，而援助東德。

赫魯雪夫堅持解決柏林危機的最好方案，就是接受東德是一個完全獨立的主權國家，唯有西德完全放棄統一的希望，那麼德國自然永遠是分裂的。很明顯的，蘇聯的目標在於將西柏林轉變成一個沒有任何外國部隊駐守的「自由市」。蘇聯進一步希望，德國能繼柏林模式之後，在社會主義和資本主義的競爭中保持中立。赫魯雪夫認為在歷史進程的盡頭社會主義終將勝利。

如果西方在柏林議題上讓步，歐洲經濟共同體的發展就很難維持在發展的方向。從1951年歐洲煤鋼組織開始，歐洲統合受到西德日益蓬勃的經濟的大力推動，如果缺少這個動力，整個過程確定將會崩潰。如果西德切斷美國和其他盟邦的關係，接受蘇聯的要求保持中立，那麼西德要維持歐洲經濟共同體會員國的身份是非常不可能的。歐體入會的條件必須是西方的議會民主國家，而自1955年以來中立的奧地利向來均符合這些條件，但也是直到冷戰結束之後，才得以加入。而如果美國明顯的不能保護西德，則一個中立的西德絕不可能加入歐體。

自1958年11月28日，蘇聯堅持英、美、法三國自西柏林撤軍，到1962年10月底的古巴危機，國際政治的焦點集中在西柏林的未來前途。歐洲的情勢在1961年的夏天特別緊張，因為在8月13日星期日，東德開始建造分隔東、西柏林的柏林圍牆；國際緊張局勢在1962年10月22-28日古巴飛彈危機期間到達頂點。

美國甘迺迪總統於1962年10月22日明白表示，有充分的證據顯示蘇聯違背其不在古巴布署核子武器的承諾，同時蘇聯正在古巴加

速布署中程核子飛彈。美國經由嚴密的海空封鎖古巴，顯示其防止蘇聯在古巴布署飛彈的決心，而蘇聯終於在10月26日同意自古巴撤除核子飛彈；美、蘇兩強權國在全球其他各地的緊張關係也隨之消除。特別是在西歐，此後蘇聯就不再提及英、美、法三國自西柏林撤軍一事。這促成了1971年的正式協定，使英、美、法三國在西柏林的永久駐軍有了條約依據；同時間接導致1989年11月初柏林圍牆的倒塌。

西柏林局勢發展卻是千鈞一髮，如果當初美國偵察機沒有發現古巴核子飛彈的設置，而甘迺迪總統又沒有當機立斷阻止飛彈的布署，可以想像的是，因為古巴的核子飛彈射程涵蓋美國，經過詳細考慮的赫魯雪夫可能會以此威脅甘迺迪總統，要求他重新考慮自西柏林撤軍一事。如果美國拒絕在自西柏林撤軍這一議題上讓步，可能要冒著華盛頓及紐約受到核武攻擊的危險；如果美國選擇放棄柏林，整個西歐和歐洲經濟共同體就必須承擔由蘇聯主宰歐洲的後果；或是蘇聯試圖再度封鎖柏林，迫使美國估算錯誤而過度反應，因此引發核子戰爭。

當然不是每一個人會如此解釋古巴危機，並且將古巴飛彈危機和西柏林處境之間做如此的聯想，戴高樂(Charles De Gaulle)於1963年1月否決英國加入歐洲經濟共同體的申請，顯示他對歐洲局勢有不同的研判。根據戴高樂將法國撤出北約軍事指揮架構的決定研判，戴高樂認為對歐洲最大的威脅並不是蘇聯的野心，而是已經在中南美洲施行商業和文化帝國主義的美國，意圖同樣在歐洲實行其經濟和文化的帝國主義。

不同於麥克米倫(Harold Macmillan)在1959年2月的莫斯科之行像是慕尼黑會議的前奏，張伯倫(Neville Chamberlain)在1938年9月

慕尼黑會議中將捷克斯洛伐克的領土主權讓給德國，戴高樂的決定並不是因為他同意在柏林議題上讓步。相對於麥克米倫的表現，戴高樂明顯拒絕在西柏林議題上做任何讓步。藉此，戴高樂得以向他的西德盟友阿登諾爾表示，誰是西德危急時最忠實的朋友。戴高樂和阿登諾爾於1963年1月22日簽訂〈德、法合作條約〉，代表了法國外交政策的根本轉變。不過戴高樂認為英國申請加入歐洲經濟共同體是特洛伊的木馬，准許英國加入，無疑就是承認盎格魯・薩克遜在歐洲的主宰地位。戴高樂於1963年1月14日的記者會上明白的表示，一旦英國成為歐洲經濟共同體的會員，各會員國之間的凝聚力就將消失。戴高樂強調，不需要多久歐洲經濟共同體就會被吸收，剩下的只有一個由美國主宰而歐洲附屬的大西洋共同體。戴高樂進一步指出：這樣的結果，並不是當初法國要建立的「歐洲主權國家的組織」，根據這個定義，美國必須被排除在外❺。

　　戴高樂否決英國加入也許有其個人因素，他從未喜歡過英國人；在第二次世界大戰期間，當他必須將總部設立在倫敦時，英國人不斷刻意的羞辱他。可以理解的是，他也不願意讓另外一個與法國實力相當的國家加入，減低了法國在歐洲的影響力。而歐洲各國對於德國從1939年到1945年的侵略行為記憶猶新，所以使法國成為歐洲經濟共同體中唯一能夠在外交上採取主動的國家。這些因素在戴高樂於1963年否決由英國保守黨政府提出的申請，及1967年11月

---

❺ 在Jean Lacouture所著的《戴高樂傳》，*Le Souverain*, Seuil Paris, 1986. 第三卷，有提供戴高樂記者會的細節敘述。P. M. H. Bell的著作：*France and Britain, 1940-1994. The Long Separation*, Longman, London, 1997. 也有詳盡的討論。Norah Beloff的大作：*The General Says No*, Penguin, London, 1963. 仍是這一議題的經典。

再度否決威爾森(Harold Wilson)的工黨政府提出的申請中，扮演同樣重要的角色。直到戴高樂在1969年退休，由龐畢度(Georges Pompidou)繼任，英國申請加入的談判才得以進行，英國最終於1973年1月1日加入歐洲經濟共同體。

　　然而在這之前，爆發了一件危機，使法國和其他在1957年簽訂〈羅馬條約〉的五個國家意見相左。西德、義大利、盧森堡、比利時和荷蘭皆不支持戴高樂否決英國加入的申請案；他們也同樣不支持法國對1965年6月第一任歐洲執行委員會主席霍斯坦提議讓共同體的預算更加獨立的態度。霍斯坦建議將較多比例的共同對外關稅轉移到一個獨立基金，由共同體的中央行政系統管理運用，從而為建立一個獨立於各會員國的共同體中央行政當局，邁出重要的一步。

　　法國反對霍斯坦提議，認為這提議削弱政府歷來享有的國家主權，於是採行「空椅政策」(empty chair)，來表達法國對該提議的不滿，也就是隨後不參與歐洲經濟共同體所有的委員會和組織長達七個月之久，使任何議案均無法進行討論。在1966年1月，這個問題才以相當具爭議性的方案解決。這個方案被稱為〈盧森堡協定〉(Luxembourg Compromise)，也就是任何一個會員國如果認為某項提案違反其本國國家利益，則可以對該提案行使否決權。這一協定標記著法國偏好的「由民族國家組成的歐洲」(l'Europe des Patries) ❻，勝過於比利時或德國所偏好的聯邦歐洲的概念。如果說戴高樂在1963年否決英國的申請案是獲得勝利，那麼在1967年的此次

---

❻　"patries"一字在法文可以指稱祖國，或是居住一地的固定族群，所以"l'Europe des Patries"隱含著由居住不同地區的人民組成的歐洲，而該不同區域的人民仍維持其國家主權。

爭端中，他再度獲得明顯的勝利。

　　戴高樂在1969年4月退出政壇，導致法國政策的根本轉變，也就是第三章會提到從歐洲煤鋼組織成立(1951)到〈馬斯垂克條約〉的簽訂(1991)以及歐盟成立的過程。從1951年到1957年，簽訂〈巴黎條約〉(1951)的六個國家，學習如何在經濟事務上相互合作；而〈羅馬條約〉的簽訂(1957)，則顯示出這六個國家在這期間努力的成果。回顧當初提議成立歐洲防衛共同體，最後卻不了了之，就現在看來反而是十分幸運的。該提案的失敗使歐洲人瞭解到維持經濟成長為當務之急，而類似傳統結盟的北大西洋公約組織，遠比歐洲防衛共同體更能提供較為有利的保障。無論如何，自1973年以來歐體擴大的措施不但引發了許多新的問題，同時也帶來新契機。

　　在1973年1月1日，英國、丹麥和愛爾蘭正式成為共同體的一員，有五年的過渡期使這三國得以整頓他們的經濟，而能和其他歐洲共同體會員國的經濟相結合。然而不同於1970、80年代六個創始會員國開始推動的歐洲整合，歐洲經濟共同體的第一次擴大就受到發生在歐洲地區之外一些事件的影響，而蒙上了一層陰影。

　　自1951年歐洲煤鋼組織成立，到1973年英國、丹麥和愛爾蘭的加入，二十二年之間國際動盪不斷。然而有些危機，例如韓戰(1950–1953)、1956年10月的某個星期日，蘇聯軍隊入侵布達佩斯，鎮壓匈牙利的獨立運動、1968年的布拉格之春也遭到蘇聯的鎮壓，在許多層面上，都有助於歐洲的經濟發展，以致於日後法國的經濟學者弗哈斯提耶(Jean Fourastié)將1945年第二次世界大戰後這段期間，戲稱為「光榮的三十年」(les trente glorieuses)。同樣的，1958–1959年和1961年的柏林危機，以及1962年10月的古巴飛彈危機也都有類似的效果。1960年代許多不同形式的幸福感以及隨後的冷戰時

期許多重大危機均能順利解決並不完全是巧合。

　　冷戰對1951年4月〈巴黎條約〉簽訂成立歐洲煤鋼組織所開啟的歐洲統合運動，有經濟上的幫助。美國和北大西洋公約組織的盟國不斷地投資在軍備武裝上，冷戰導致的軍備競賽，是凱因斯建議解決類似1930年代經濟不景氣的最佳方案。根據凱因斯的看法，資本主義經濟有一個恆常消費不足的傾向，解決這個問題的唯一方式，是政府必須投資來彌補消費不足的數額。馬克斯主義學者和蘇聯官方宣傳，預測資本主義經濟終將消亡，但是冷戰期間的軍備競賽卻有極為弔詭的結果，資本主義經濟反而更加興盛。如果當初蘇聯採取比較和緩的外交政策，資本主義國家就可能因為其內部的矛盾而崩潰。然而蘇聯持續自1945年以來，在其佔領的東歐國家設立共黨政權的方針，對西柏林屢次的威脅，反而對西方提供了無價的幫助，最後導致西方在冷戰中獲勝。

　　1970和1980年代危機的性質與1950和1960年代截然不同。不像1945－1970年嚴格控制軍費，1970年代西方經濟有嚴重的通貨膨脹問題，甚至威脅到資本主義的存在，嚴重的程度類似1929年華爾街股市崩盤而引發的世界經濟危機。經濟的危機遠比冷戰對於1951年開始的歐洲統合進程的威脅更為明顯，尤其是歐洲經濟共同體本身似乎隨時都要瓦解。

　　尼克森總統於1971年8月15日宣布終止美元和黃金的兌換，引發了第一次危機。這意謂著各國從此不能隨意的買入美金，使他們部分的資產價值受到美國政府的保障。這項措施終止了固定匯率，同時造成世界各國貨幣之間兌換的不穩定性，而嚴重影響到農業共同政策的運作，這些問題在1969年8月10日急遽地爆發，當時法國政府突然將法郎貶值6.6％，義大利政府也隨之讓里拉貶值相近的幅

度。

　　類似的危機發生在1971年5月，當時德國馬克和荷蘭荷盾比其他歐洲貨幣的升值幅度較大，而兩國貨幣升值的效應都是一樣的。法國和義大利的貨幣貶值和馬克以及荷盾升值的結果，顯示法國和義大利的農產品突然比德國和荷蘭生產的農產品更為便宜。共同體於是必須建立一個複雜的貨幣補償制度，使農產品在市場上公平競爭，這個制度的運作有時和關稅課徵非常相似。法國和義大利必須付出口稅，使他們的農產品價格和北歐日耳曼國家的農產品價格一致，因為這些國家的貨幣並未像法、義兩國的貨幣貶值；德國和荷蘭則對自法國和義大利進口的農產品課徵關稅。

　　然而就長期而言，由於德國或荷蘭持續優越的經濟表現，使貨幣匯率不穩定成為區域性的病徵，這現象因為尼克森總統決定對進口到美國的貨品課稅而變得更加嚴重；但是從支持歐洲經濟整合人士的角度看來，卻是因禍得福。這些病徵刺激歐洲各會員國尋求發展出一套系統，使會員國貨幣彼此的匯率僅能在固定的範圍之內變動；而且鼓勵朝向經濟和貨幣的聯盟以及歐洲單一貨幣的發展。

　　國際金融體系以穩定美元作為基礎；該體系的結束，象徵1945年以來的長期經濟成長和繁榮的年代也一去不返。1970年代，通貨膨脹成為經濟繁榮的最大威脅，而且也產生一個不正確的想法，認為歐洲經濟共同體最初的六個會員國在1950、1960年代享受的經濟成長和物質繁榮，無論如何均會發生，和他們加入關稅同盟與否無關。因為當時國際經濟繁榮的關係，歐體各國在此時期的經濟表現極可能是水漲船高的現象。在國際經濟繁榮有利的條件下，當初未加入歐體的英國經濟表現也十分傑出令人滿意。戈伯(Pierre Gerbet)在《建設歐洲》一書指出，從1958年到1970年，歐洲和世界其他區

域的貿易增加超過70％ ❼；而歐洲經濟共同體成員之間的貿易量則增加60％；類似貿易量的增加在世界其他各地也處處可見，尤其在北美洲和太平洋盆地地區的經濟。

　　1973年1月英國加入歐洲經濟共同體時也發生另外的事件，對其他會員國而言像是死亡之吻，是共同體成立十五年以來經濟繁榮將告終止的一個警訊。1973年秋天，石油輸出國家組織(OPEC)決定提升油價四倍。如果這發生在1950年時，也許會對汽車駕駛者有所不便，但不至於像1973年時對歐洲經濟所造成的重大打擊。1950年時，歐洲75％的能源消費依賴煤炭，但在1970年之前，對煤炭的依賴已經跌到20％。所有工業化的國家放任本國能源過度依賴便宜的進口石油，而讓煤礦減產，並且為了生態原因，避免發展核能源。歐洲雖然有歐洲原子能組織協調核能發展計畫，但是缺乏一個共同能源政策。在1970年代中期，英國於北海海底發現油田，英國明白表示，當時油價過高，所以北海原油值得開採，但是開採的目的是為了英國的國家利益，而非為了共同體的一般利益。

　　石油危機也凸顯了歐洲經濟共同體缺乏一個共同的外交政策。西德和荷蘭傾向於認為，阿拉伯產油國家運用油價的暴漲作為新武器，來達成歷來阿拉伯世界摧毀以色列國家和滅絕所有以色列人民的政治目標。在1948年和1967年，阿拉伯國家被以色列擊敗，同時在1973年10月6日的贖罪日前夕對以色列展開攻擊，勢均力敵，回教國家於是對以色列轉而採行經濟戰爭。初期，他們威脅將對所有支持或是出售軍備給以色列的國家實施全面石油禁運，而對親以色列的國家施行選擇性高油價。必須進口98％原油的法國在1967年時

---

❼　參見Pierre Gerbet, *La Construction de l'Europe*, Seuil, Paris, 1983, pp. 256–257.

終止對以色列的援助，而採行親阿拉伯路線，但是這並未使法國購得較便宜的原油，由此也凸顯出共同體無法採行共同的外交和經濟政策，以處理這個自1945年以來影響歐洲最嚴重的經濟危機。

但是共同體並未因此而瓦解，反而持續吸引其他國家申請加入而擴大，包括希臘於1981年、西班牙和葡萄牙於1986年的加入，使地中海國家會員數目，和於1973年加入的丹麥、愛爾蘭以及英國等歐洲北部國家取得平衡。共同體的第一次擴大看來似乎是由歐洲北部國家所主導，歐洲北部國家在文化上基本為新教徒，例如荷蘭；或是世俗社會，例如法國；或是天主教和新教的混合，例如西德。西班牙和葡萄牙的加入維繫了原先由義大利，或是至今仍自認為「天主教的長女」的法國所代表的天主教和拉丁文化認同。其中的宗教意涵可在法國人舒曼和他德國天主教徒的盟友阿登諾爾身上發現。

1986年共同體的擴張並非沒有任何問題，儘管問題並不像英國於1973年加入時嚴重。特別是法國人並不樂見西班牙和葡萄牙的加入，因為位於庇里牛斯山以南的西、葡兩國農產品比法國南部要早一個月收成，這對法國南部的農業生產者造成極大的競爭威脅。英國人同樣不願意讓西班牙漁民得以進入共同體海域。在1985年西班牙加入共同體之前，西班牙漁業船隊總噸數為當時九個會員國漁業船隊總噸數的70%。英國和西班牙之間關於漁獲量配額的爭執，是共同體內部最主要的衝突根源，這在第四章中將有進一步的討論。

英國也不願意見到用英國對共同體的補助金來幫助西、葡兩國的經濟發展到和德、法兩國一樣的程度，而成為英國工業強力的競爭對手。英國在1973年1月1日加入之前，和歐洲經濟共同體協商，堅持要成立「區域發展基金」。除了荷蘭之外，英國農業原先就比

其他會員國的農業更有效率，因此很明顯的，英國無法自農業輔導和保證基金得到太多的補助，該基金的目的和運作在第四章中有詳盡的討論。

農業輔導和保證基金的目的，在於改進法國和義大利低效率和冗員過多的農業系統，從而降低生產成本。各會員國將對農產品所課徵共同對外關稅的90％，交付給共同體「自有財源」基金，由設立在布魯塞爾的委員會管理運用，僅留下10％作為行政費用。在這種運作體系下，很明顯的，英國一開始就得不償失，因此英國打算從區域發展基金之中獲得補助金，以彌補英國因共同農業政策的損失。區域發展基金補助英國經濟蕭條地區的建設發展，例如東北部、利物浦和北愛爾蘭。因為這些原因，所以英國也不願意見到較貧困的西班牙和葡萄牙的加入，而和英國爭取在1975年設立的區域發展基金的配額。

西班牙和葡萄牙在發展民主政治過程中遭遇相當的嚴重困難，但是最後終於得以加入。雖然兩國的申請案有所延遲，但是原因和英國在1963年和1967年被拒絕不同。英國在當時被拒絕，是英、法兩國傳統的競爭、個人的阻撓，以及對美、蘇兩國不同的意圖和目標誤判的綜合結果。西班牙早在1962年申請進入歐洲經濟共同體，但是被拒絕的理由是因為弗朗哥將軍在西班牙內戰(1936–1939)之後，建立了獨裁政權，而這政權並未有轉變的意圖。

弗朗哥於1975年去世，西班牙於1979年重新申請，葡萄牙也在該年提出申請，兩國在延宕七年之後才得以加入，和奧地利、瑞典以及芬蘭三國在1990年代迅速被接受為會員國，形成明顯的對比。這三個國家在加入之前，均有發展健全的經濟，國民購買能力強，同時也有良好的人權紀錄。相反的，葡萄牙和西班牙兩國經濟貧

因，缺乏有力的民主傳統，反映出兩國自十八世紀以來，與西歐現代化所帶來的知識和文化發展隔絕。

兩個伊比利半島國家的文化均未受十六世紀改革運動，或是十八世紀啟蒙思想的薰陶。他們也未受到因理性時代所造成的政治變革的影響，這是使他們在1919年到1939年期間傾向右翼獨裁政權的主要原因之一❽。1950年以來舒曼關於歐洲統合的提議和十八世紀啟蒙運動的傳統有密切關係，強調應用科學、容忍歧異，以及重視自1688年英國光榮革命以來所彰顯的政府契約理論。直到弗朗哥去世，西班牙才摒棄弗朗哥自1939年8月西班牙內戰結束之後實施的獨裁政權；葡萄牙則於1975年推翻了自1932年由沙林傑(Oliveira Salazar)建立的獨裁政權，因此兩國在此之前均未具備成為歐洲經濟共同體會員國的資格。

西班牙和葡萄牙的加入，可以反駁一般認為共同體並不能自稱為「歐洲的」共同體的批評，因為許多在歷史和傳統上屬於歐洲的國家，例如匈牙利、波蘭、捷克共和國、斯洛伐克共和國和羅馬尼亞等國並未加入。直到1980年代後期，蘇聯開始自東歐佔領區內撤軍，並准許東歐附庸國家各自發展，這些國家和不能容許異議存在的弗朗哥的西班牙、沙林傑的葡萄牙以及直到1974年軍官團被推翻時的希臘，皆是一黨獨裁的政權，但是隨著東歐國家逐漸民主化，他們就逐漸具備成為會員國的資格，儘管他們和希臘以及葡萄牙一樣，並不能為共同體帶來任何多大的經濟利益。

---

❽ 西歐最惡性的集權主義政治運動 —— 納粹運動 —— 在康德的祖國德國興起，其領袖希特勒是莫札特的同鄉。納粹主義本質上是一個革命運動，因此在目的和本質上也與西班牙弗朗哥、葡萄牙沙林傑或希臘軍官團保守的集權主義大相逕庭。

　　法國和德國認為投資在西班牙、葡萄牙以及希臘的經費是值回票價的，同時也肯定在捷克共和國和匈牙利的投資，甚至是英國偶爾也有同樣的看法。西歐的民主越能夠擴展其政治勢力和經濟體制，則越會有安全感；隨著俄羅斯決定自東歐撤軍並准許東歐國家發展其政治和經濟體制，即使這些前蘇聯附庸國不能成為共同體的正式會員，但至少兩者之間的關係會更加密切。

　　這和當初歐洲煤鋼組織創立人的基本政治目標完全符合，當初的政治目標在於避免德、法兩國之間再度發生戰爭。在1990年代，歐洲經濟共同體的另一項重要政治目標在於確保前東歐國家能夠發展有效的民主議會制度，以永久取代共黨極權制度。

　　1958年成立歐洲經濟共同體的另外一個政治目標，在於建設一個富裕而軍事獨立的歐洲，即使沒有美國的協助，也能面對蘇聯非常挑釁的外交政策。就這個觀點看來，允許東歐國家加入，將是共同體對於西方最終贏得冷戰的重要貢獻。俄羅斯馬克斯主義已不再能夠掌握波蘭、捷克共和國、斯洛伐克共和國和匈牙利，而准許這四個國家和前東德一樣回歸到歐洲的懷抱，現在俄羅斯也渴望追隨這些國家的步伐。

第二章 組織和權力

一 提案、決策和表決

執行委員會

英國在1951年拒絕加入歐洲煤鋼組織，並在1958年婉拒成為歐洲經濟共同體創始會員國的邀請，是有一些原因的。第一個原因，已經在第一章中討論過：1945年，英國的工黨政府不願意加入一個被認為是建立在資本主義基本原則上的組織，也就是以私有財產權作為生產、分配和交換的基礎。第二個原因是，英國政府察覺到1957年〈羅馬條約〉中訂定的共同農業政策(Common Agricultural Policy, CAP)，其目的和英國傳統農業組織不相容。這將在第四章中討論。

第三個原因，與英國傳統反歐陸的運動相結合；諸如金匠爵士(Sir Goldsmith)所創的公民投票黨和康納里(Bernard Connolly)所著《歐洲腐敗之心》(*The Rotten Heart of Europe*, 1995)❶一書中所提

---

❶ 由倫敦Faber and Faber出版社出版，並且提出一系列的經濟論證反對單一歐洲貨幣的成立，其情緒化的論點可以由下列的措辭一窺究竟：「政治上阿諛，而嚴厲批評英國的法國媒體」(p. 295)、「幾近黑手黨的義大利政客」(p. 132)、「類似撒旦的葡萄牙外交部長」(p. 130)，以及認為柴契爾夫人在1989年11月辭去首相職務，係因為「歐洲執行委員會和英國同謀的艱險計畫所促成的」(p. 72)。

康納里的主要論點在於「背叛法國國民，犬儒主義的法國技術官僚；作威作福，危害人民的德國聯邦主義者；更甭提德國總理柯爾的野心，這三者目標相互衝突。」(p. 392)這段話在第五章論修西提底斯時有詳細的討論。根據康納里的意見，由於三者的目標相互衝突，所以最

示的，深恐〈巴黎條約〉關於統一的歐洲的構想，會是一個受到未經選舉的官僚體制所治理的歐洲，使英國喪失國家主權。在1950年下議院中辯論舒曼計畫時，艾德里宣揚了日後經常在英國會聽到關於歐洲統一的批評：

> 在英倫海峽此岸的我們，還不準備接受將這個國家最重要的經濟權，交付給一個完全未經由民主選舉產生，而且不受民意監督的組織❷。

不論這個批評是否合理，1957年〈羅馬條約〉所建立的機構，與其他國際組織大不相同，而引起英國的疑慮。歐洲不像聯合國，或是軍事聯盟的北大西洋公約組織；它是一個由會員國交付予一些主權所形成的主體。事實上，當1951年建立歐洲煤鋼組織時，六會員國就已經放棄了兩個重要工業的細部決定權；1958年建立的歐洲經濟共同體，更進一步加以落實。

這六個會員國同樣在1951年簽訂〈巴黎條約〉，同意放棄自行決定進口關稅，放棄提供和其他會員國具有競爭性的本國工業優惠補助，同時放棄保護本國勞動市場等權利。他們更進一步接受在一個組織架構下運作，經由集體決定的政策，一旦通過就具有約束效力，不論他們是否反對這些政策。

英國大力推動歐洲自由貿易區的建立。這自由貿易區不包括農

後不可避免的會引發另一次的德、法軍事衝突，從而摧毀1951年建立歐洲煤鋼組織的主要政治目的。

❷ 引自Dennis Swann, *The Economics of the Common Market*, Penguin, London, 1970, sixth edition, 1984, p. 7.

業，而只有一個鬆散的行政架構，不至於損失太多的國家主權；相對而言，歐洲共同體的組織明確的減低了會員國對其自身經濟事務的直接控制和決定權。而在聯合國中，無論是安理會或是常會，皆無提案權，必須等待各會員國的決定。

安理會五個常任理事國，得藉由否決權阻撓任何法案。如果一個會員國不同意其他國家多數決定的政策，便可以拒絕參與。除非它違犯法律，否則聯合國無法採取任何制裁措施，例如：伊拉克於1990年侵略科威特的領土。雖然無法知道，如果蘇聯和北約任何一個會員國爆發戰爭時，會發生什麼事；但在和平時期，這些國家仍保有相當程度的政策自主權。例如法國於1966年撤出北約軍事指揮系統，毫無疑問的，作為一個主權國家是有權如此決定的。

北約的十六個會員國均在常設理事會派駐代表；這些代表必須遵照他們政府的指示。北約不可能獨自決策，而且必須等待1949年簽訂條約的會員國彼此協調之後，才能決定將採行的政策。相對而言，歐洲共同體以及日後的歐盟，其提議權均來自執行委員會，執行委員會獨立於任何會員國之外，並且是共同體、歐盟中唯一可代表提案、立法的組織。而會員國也可以經由部長理事會提出議案，但這些提案常被批評為只是在促進個別會員國利益，而非為共同體的利益。

從1958年到1973年，執行委員會共有九位成員：法國、西德、義大利各兩位，盧森堡、比利時、荷蘭各一位。隨著英國、愛爾蘭和丹麥在1973年加入；希臘在1981年加入；西班牙、葡萄牙在1986年加入；芬蘭、奧地利和瑞典在1994年加入，執行委員數目增至二十位：法國、德國、義大利、西班牙和英國各兩位，盧森堡、比利時、荷蘭、芬蘭、葡萄牙、愛爾蘭、丹麥、希臘、奧地利和瑞典等

十國各一位。

執行委員的任期為五年，得以連任。1991年，〈馬斯垂克條約〉將執行委員任期和歐洲議會的選舉任期合一。執行委員經由各會員國提名，但必須經過所有會員國的同意。一旦指派，如果沒有任何會員國反對，執行委員得無限制連任。個別的執行委員唯有在部長理事會的建議下，經歐洲法院(Court of Justice)判決，才得以解除職務 ❸。

執行委員會全體成員，經歐洲議會表決同意後正式任職。如果歐洲議會對其通過譴責案，則執行委員必須總辭，雖然這至今尚未發生。執行委員會主席的任命也需事先和歐洲議會協商。主席的任命，如同執行委員的任命，必須經過所有會員國一致同意通過。執行委員會任期最長的主席是戴洛爾(Jacques Delors)，任期自1985年至1994年。

一旦任命，執行委員代表的不是他們自身的國家。他們不能接受自己國家政府的指令，而必須依據整個共同體的最大利益加以考量。在聯合國大會或是安理會的外交官員，則必須接受自己國家政府的指令。而執行委員會的委員們如果認為某項政策可以為共同體

❸ 譯者註：1999年1月11日時，執行委員會爆發了管理不當以及預算的醜聞，而歐洲議會於1月14日舉行表決，決定是否通過對執行委員會的譴責案，最後雖然該譴責案未通過，但是通過對這些指控進行調查的提議。歐洲議會針對指控執行委員會管理不當醜聞的調查報告中，嚴厲批評執行委員會管理不當，不能監督所屬單位，而且該報告認為執行委員並沒有實際掌握執行委員會的運作和預算，所以執行委員會所有成員不僅需要為個別負責領域負責，也需對整個執行委員會的運作承擔集體責任。3月15日，執行委員會主席桑提宣布所有二十名執行委員均辭職，開啟執行委員集體辭職的首例。

謀求最大的利益，即可以違背自己國家政府的意願。

　　像所有民主和法治的國家中其他官僚體制一樣，執行委員會並不是一個決策機構。它的提案必須經過部長理事會的同意，部長理事會的職權及功能稍後將有所討論。儘管執行委員會接受歐洲議會和歐洲審計院(Court of Auditors)的監督，但是並不像傳統民主制度中的內閣和部長理事會那般受到控制。

　　在傳統民主制度下，內閣成員各自向國家元首負責，例如在法國第五共和或美國；或是向選舉出來的議會負責，例如英國內閣成員必須向下議院負責。內閣成員個人，如議會民主制度中的某部會首長，可以因國會要求而辭職，而整個內閣仍可繼續運作。執行委員會的運作則類似企業集體領導，它只能因歐洲議會三分之二多數決而集體辭職。

　　執行委員會的建議必須經過部長理事會的同意，以及歐洲議會的審核通過方能生效，其中國家和地方性的利益的考量就浮上檯面。執行委員會具備代表歐洲聯盟提案的權力，這有助於解釋為何這個組織得以自起初的歐洲經濟共同體，穩定地朝向預定的經濟和政治整合；就像汽車朝著既定的方向前進，不顧一些乘客對於前進速度或方向質疑。執行委員會可以說同時具備官僚體制的缺點和優點，而不同於議會民主政治的形式。

　　一個經民主選舉產生的政府任期是固定的，如果在下次選舉中失敗，那麼它的政策就將被反對黨的政策取代。相對而言，官僚和它的政策得以永遠存在，並不需要對反對黨以及同黨沒有官位的議員解釋政策。官僚在擬定政策時也不需要和任何機關討論；即使需要公開地和其他機構商議，它仍然保留和誰諮商、採用誰的意見的自由。執行委員會自然要顧及其他意見，否則將遇到許多的阻礙。

但是執行委員會仍保有決定在什麼領域採取行動的無限權力。

必須向選舉出來的議會負責的政府，其每日施政都接受議會的監督，同時必須滿足不同派系支持者的利益；也必須回應來自傳播媒體、國會以及反對黨的批評。政府也必須花費時間與心思，以免在下次選舉中落敗。官僚體制則幫助形成團隊認知，雖然官僚成員渴望升官，但是他們並不像內閣成員般汲汲於權位。

官僚體制也擁有豐富的知識和專業技能。以執行委員會為例，官僚體制豐富的專業技能，讓執行委員會得以負責經管共同農業政策預算、區域發展基金、社會基金、援外基金以及行政費用。在歐盟所有機構的二萬四千五百名雇員之中，執行委員會就任用一萬五千名，其中三千名為翻譯人員。這些長期雇員形成的官僚體系，也許比執行委員在政策的持續上更佔有舉足輕重的地位。當執行委員會秘書長威廉森(David Williamson)於1997年2月12日以六十三歲的年齡宣布提前退休時，官僚體系所扮演政策延續的重要性就表現無遺。

威廉森已經任職執行委員會秘書長十年，而且如果他願意的話，他可以等到六十五歲的法定退休年齡時再行退休。他擔任這個具影響力職務的時間，遠超過於英國最成功的事務官能夠服務的年限，也遠比部分經由民意選舉出的政治家在位的時間長。柴契爾夫人擔任英國首相十年，而法國密特朗則擔任第五共和總統十四年，密特朗於1981年就任之前，曾經批評第五共和的憲法不民主。

像其他所有的官僚組織一樣，執行委員會的功能在於擬定解決方案、瞭解其他官僚系統的運作、也可以和這些官僚系統互相示惠。官僚系統僅接納它喜歡的人士進入核心，這些人通常不理會外界輿論的批評，能迅速理解官僚制度運作，進入狀況。這種現象時

常發生，但是以挑選和推舉原則產生的組織，遠比經由繼承或是民主選舉產生的組織維持得更久。英國王室的根源可以追溯到西元829-830年在位的丹麥國王愛格伯特(Danish King Egbert)，英國王室對此感到驕傲，因為沒有其他國家的王室可以追溯其根源如此久遠。但是和正式記載自西元33年聖彼得開始的教宗制度相比較，英國王室的成立還算是相當晚近的。

形容執行委員會是歐盟的動力，和其官方出版社在1995年出版的《單一市場》(*The Single Market*)中的觀點相輔相成。該文指出單一市場「就像歐洲聯盟的其他部分一樣，不進則退」❹。歐洲懷疑論者時常懷疑歐盟不斷地擴張，並加深其權力的意圖，而且指出歷史學家甘迺迪(Paul Kennedy)在《世界強權興衰》(*The Rise and Fall of the Great Powers*, 1987)一書中所概述的「帝國過度擴張」的危險。他們認為具備過度擴張野心的官僚遲早會像以前陸上或海上的強國一樣，不知道擴張的極限，而將整個組織拖垮。參照共同體出版的《歐洲共同體的組織》(*The Institutions of the European Community*)，總計執行委員會在1994年一年當中，向部長理事會提出558條議案，以及272份文件，歐洲懷疑論者對此並不感到欣慰，反而相當憂心。

執行委員會的總部設在布魯塞爾的伯雷蒙特(Berlaymont)大廈。由於歐盟主要機構分散各地，如執行委員會設在布魯塞爾，歐洲議會在史特拉斯堡，歐洲聯盟秘書處、歐洲法院、歐洲審計院和歐洲投資銀行均設立在盧森堡，時常有人針對官員奔波途中以及文件傳遞曠日費時提出批評。一般認為執行委員是沒沒無聞的官僚，

---

❹ 參見*The Single Market*, Office for Official Publications of the European Communities, Luxembourg, 1995, p. 29.

嚴格上說來這一認知並不正確，因為執行委員的姓名都經公布，而
且也廣為人知。而他們的薪資也一併加以公布，在1997年由公民投
票黨出版的《新聞雜誌》創刊號中，特別列出執行委員的年薪為十
四萬七千英鎊，兩萬英鎊的住屋補助，兩萬英鎊的生活費，以及五
千英鎊的休閒娛樂補助。

部長理事會

《服務歐盟》(*Serving the European Union*)這本小冊子說明歐盟
制定政策的基本程序是，由執行委員會提出議案，經部長理事會同
意，歐洲議會行使建議權，最後由歐洲法院解釋條文。僅有執行委
員會具有代表為歐盟提出議案的權力。執行委員會將提案送請部長
理事會和歐洲議會審核，部長理事會為歐盟主要的決策機構；目前
歐洲議會的角色較傾向於諮詢單位，而非立法單位。

部長理事會是一個跨政府的組織，成員由歐盟十五個會員國的
部長代表其本國出席。原則上，是由外交部長出席，有時會根據特
別會議的討論主題，由相關的部會首長出席表決。例如，討論關於
共同農業政策時，由農業部長參加；如果討論運輸政策，則由交通
部長出席。

部長理事會表決一般事項時採用比例投票制，根據規定，法
國、英國、德國和義大利均有10票，西班牙8票，比利時、希臘、
荷蘭和葡萄牙各有5票，奧地利、瑞典各4票，芬蘭、丹麥和愛爾蘭
各3票，盧森堡2票。除非有會員國決定採用〈盧森堡協定〉中所制
訂的否決權（參閱第一章），但直到目前採用否決權的案例並不
多，而且〈馬斯垂克條約〉對否決權的運用，增加許多限制。委員
會的提案必須獲得三分之二的票數才能通過，也就是必須從總票數

87票中獲得62票的支持。如果該提案要成為「指令」(Directive, 參閱本章討論)，除了必須獲得62票的支持外，還必須同時獲得十個會員國的支持。在實踐上，比利時和愛爾蘭等小國家比較熱中於歐洲全面統合，所以比重投票制的目的在於保護這些小國家，以免共同體受到大國的支配。

部長理事會負責決定歐盟和世界其他地區的關係，執行委員會則代表十五個會員國的利益，負責和其他國家及經濟組織協商，例如以往的關稅暨貿易總協定(General Agreement on Tariffs and Trade, GATT)，或是現在的世界貿易組織(World Trade Organization, WTO)。部長理事會如果想對執行委員會的提案，或是對歐洲議會通過的修正案提出異議，必須全體一致同意方可。部長理事會的主席由會員國政府輪流擔任，任期為六個月，以各國母語拼音的國名第一個字母為輪流順序，而主持部長理事會的國家，自然而然成為轄下所有委員會的主席。如果歐盟成功採行一項共同的外交政策，部長理事會就是決定該政策的論壇。

因為組成部長理事會的成員在其本國仍擔任政府職位，所以由大使階層的職業外交官負責日常事務的討論。這些外交官在布魯塞爾開會，一般稱為常駐代表委員會(Committee of Permanent Representatives, COREPER)，和執行委員會有密切的聯繫。常駐代表委員會設立的目的，在於使各國的意見和共同體或歐盟意見維持平衡，而且可以使一些爭議性較小的議題，不需要經過部長理事會繁複討論就可以解決。這種實行方式使布查特(Klaus-Dieter Borchardt)在《歐體法入門》(*The ABC of Community Law*, European Documentation, 1993)一書中指出，如果常駐代表委員會：

　　對立法提案達成一致的協議，該議案在部長理事會上就被列
為優先法案，表示部長理事會僅能形式上通過該議案，而不
需要再進一步的辯論❺。

　　就是因為在布魯塞爾的常駐代表委員會代表執行委員會處理日
常事務，所以使人指控歐盟決策由官僚控制，雖然這些官僚可能十
分開明，但畢竟未經過選民的認可。正如白廳(Whitehall)這個用詞
顯示出，常駐代表委員會的委員很容易忽略本國的民意趨向，就像
一些大使受到布魯塞爾、盧森堡和史特拉斯堡輿論的影響，遠甚於
受到本國選民的影響。

　　另外對官僚體系主宰歐洲聯盟行政決策的批評，可用「民主的
缺失」(democratic deficit)一詞來表達，同時批評者也指出部長理事
會的一些辯論必須公開化。如班橋(Timothy Bainbridge)和席戴爾
(Anthony Teasdale)在《企鵝歐洲聯盟指南》一書中指出，歐盟決策
是「現今民主世界中唯一經由秘密決定來制訂多數法律的組
織」❻。如果政策辯論更為公開，歐盟的居民就不會認為，決定攸
關經濟和國民日常生計的決策，是由他們無權影響的封閉團體決
定，而這些團體的日常運作過程卻不為外界知悉。

　　部長理事會和歐洲會議(European Council)兩個組織必須和歐洲
委員會(Council of Europe)加以區分。歐洲委員會成立於1949年，以
促進歐洲合作，特別是針對人權議題。現今有三十四個會員國，除

---

❺ *The ABC of Community Law*, Office for Official Publications of the Euro-
pean Communities, Luxembourg, 1994, p. 24.

❻ *The Penguin Companion to the European Union*, Penguin, London, 1995,
revised edition, 1996, p. 94.

了原先屬於歐洲經濟共同體或是後來的歐盟成員之外，會員包括賽浦路斯、冰島、列支敦斯登、馬爾他、挪威、瑞士和土耳其。然而，歐洲委員會和部長理事會之間並沒有任何關連，兩者的功能大相逕庭。

歐洲議會

議會民主制度的觀念和國會負責決定公共事務有密切關係，例如美國、英國和法國的制度。自英國十七世紀革命以來，民主政體意味著，只有經由公民選舉出來的議會同意，政府才可以立法決定課徵公民直接稅或間接稅。雖然執政黨並不一定是部分納稅人支持的政黨，但是根據約定習俗，在野黨有機會經由議會辯論，在下次選舉中擊敗執政黨而執政。所以各方必須遵守遊戲規則，同時同意繳納稅款；因為在野黨希望如果下次選舉獲勝，失敗的一方也會遵守遊戲規則。

國會之所以能夠監督政府的主要機制，就在於國會有預算權可以決定是否支持政府的施政計畫，而國會權力大小則因各國風情而有所不同。英國議院的權力和美國參、眾兩院以及法國的國民議會權力均不相同。美國預算必須經由總統和國會長期反覆協商之後才會達成最後的決定，所以美國才會經常對英國預算過關之輕易和快速感到訝異。英國政府通常在下議院中擁有絕對多數，政府首長即為下議院多數黨領袖，所以政府預算在下議院極容易通過。雖然英、美兩國的政治體制不相同，但是兩國均符合上述的民主原則。預算合法與否的條件，在於該預算是否經由納稅人選舉出來代表組成的國會通過，英、美兩國均一致遵循此原則。法國政治中的「共居原則」(la cohabitation)也反映了僅有在議會通過賦稅的課徵方式

及額度之後，政府課徵的賦稅才算合法的原則。在1986年，法國總統密特朗面臨一個由右派主導的國民議會，密特朗別無選擇，只有指派一位右派政治家為首相，以爭取國民會議同意他的預算。國會如果不通過預算，沒有任何一個民主國家的政府可以撐過一天。

和西方議會民主傳統相比較，歐洲議會的權力和功能，實在不足擔任矯正「民主缺失」的機構。共同體預算部分是由會員國提供的補助金而來，部分則來自於「自有財源」(own resources)。根據1970年4月22日簽訂的〈盧森堡條約〉規定，「自有財源」包括對進入共同體的農產品和工業產品課徵的共同對外關稅，以及各國課徵的加值稅總額的1.4％。歐洲議會並無任何權力監督這些稅收，而執行委員會不但享有立法提案權，同時也有提出預算的權力。對進入共同體或歐盟的貨物課徵關稅的稅率，也是由執行委員會和部長理事會共同長期協商同意的結果；而加值稅稅率和項目則由各會員國自行決定。英國或美國國會可以經由否決預算以監督行政機關，而歐洲議會則無權力可以監督部長理事會和執行委員會等歐盟行政機關。

歐洲議會對於歐盟預算的唯一控制權僅限於經費的運用，由此可見歐洲議會在預算權所受到的限制，是傳統民主的議會未曾經歷的。例如吸收共同體超過一半預算的共同農業政策經費是由執行委員會逐日經管，而該預算仍受部長理事會的控制 ❼。在1979年第一次經由直接選舉的歐洲議會於1980年時首度對共同體預算行使否決權，並且在1984年時再度行使該權力。在民主議會政治中，如果政

❼　參見Timothy Bainbridge and Anthony Teasdale, *The Penguin Companion to the European Union*, Penguin, London, 1995, revised edition, 1996, p. 213.

府預算被議會否決，則內閣必須總辭；但是當時歐洲議會兩次否決歐盟預算，然而執行委員會和部長理事會並未辭職，仍然以上年度預算為基礎，按月計算歐盟當年的預算。

在英國，部長向下議院負責，同時理論上，如果個人或者其掌管的部會發生嚴重缺失，則他個人必須辭職。雖然執行委員會的成員必須出席歐洲議會的辯論，但這並未成為慣例。執行委員雖然可以應歐洲議會的要求，出席答詢所掌管的業務相關問題，但是執行委員和歐洲議會的關係，並不像英國各部部長對下議院負責的關係。執行委員會的執行委員是由各國指派，任期為五年，不論他所主管的事務發生任何事端，他們仍然可以繼續擔任該職務。一般來說，部長理事會的成員雖多為各國選出的議員，必須對本國議會負責，但是他們對於歐洲議會，就沒有相同的責任義務關係。

歐洲議會的立法提案權遠比各國議會的提案權更受限制。雖然歐洲議會因為1975年關於歐洲議會直接選舉的〈潘迪琴報告〉(*Patjin report*)而獲得立法提案權，但是該提案權僅限於要求執行委員會草擬議案。而關於該議案的措辭用字，以及何時送交部長理事會審議，仍然是執行委員會的特權，同時執行委員會仍保留隨時撤銷和修改該議案的權力。在目前，英國下議院和法國部長理事會(Chambre des Députés)，並沒有讓議員提出個人議案的類似管道。1976年時，英國保守黨的歐洲議會議員嘗試藉由這一管道，以批評執行委員會在處理農業生產過剩一事上的不當，但是該提案遭到絕大多數議員的拒絕。

另外，使歐洲議會擔任一般制衡和監督歐盟行政機關責任的企圖也同樣失敗了。英國於1973年加入之後不久，即提議要求執行委員會的執行委員出席歐洲議會，並回答議會質詢。但是這項提議並

未像在英國一樣發展為特別的「首相質詢時間」(Prime Minister's Question Time)。歐洲議會必須以書面提出質詢,開會時間通常安排在深夜,而且出席率甚低。同時歐洲議會不能處理已經部長理事會核准的議案,主要原因在於各會員國均已同意該議案。

批評執委會決策的提議多由英國選出的歐洲議員所主導,也因此反而容易招致其他來自拉丁和日耳曼語系國家議員的質疑,因為這些國家的議會制度並不像英國採行傳統兩黨競爭的模式。實際上,英國對歐洲議會的批評,部分是因為將歐洲議會和英國國會制度做不當的類比而產生的,認為議會應該是政府和反對黨之間衝突的論壇,但實際上所謂的政府和反對黨之間的衝突在歐盟並不存在。歐洲議會考慮的許多議案都是技術性的議題,不論對該議題是否有所保留;在許多議案上,歐洲議會主要考慮因素,並不是政黨路線。像成立在布魯塞爾的經濟和社會委員會的基本功能,是擔任執行委員會諮商和參與的角色而非競爭對手。

戴高樂當初兩次否決英國申請的部分原因,在於英國加入之後可能會經由新議員推動一系列的措施,企圖改變遊戲規則。英國期望改變歐洲議會,使其能夠發揮類似英國下議院的功能,顯示戴高樂當初並非過慮。也許可以指出的是,英國對於歐盟持保留態度的跡象,主要表現於對歐洲議會的批評,但這些批評不僅誤讀了歐洲議會的角色,而且也理想化了英國下議院的運作。

正如哈爾山爵士(Lord Hailsham)不久前指出,英國下議院已經轉變為有選票的獨裁者。就實際層面來說,如果執政黨在下議院擁有超過半數的五十席多數,並且黨鞭有效率的在議會表決法案時動員,那麼幾乎無法可以限制首相修改法律的權力。首相雖然有時候會在質詢時間遭受反對黨的批評,而顯得有些窘態,但事實上,這

對首相的權力而言，並不構成真正的威脅。

1986年的〈單一歐洲條款〉，藉由加強歐洲議會的權力，以減少對歐洲議會的批評；由於一般批評認為歐洲議會淪為脫口秀的場合，因此該條款中增加了歐洲議會制衡執行委員會和部長理事會的權力。該條款使歐洲議會得以二讀由執行委員會提出，並在原則上已經獲得部長理事會同意的議案。同時規定一些特殊議案的通過程序，必須有絕對多數才能正式成為法案；也就是至少必須獲得三百一十三位歐洲議員的支持。這些特殊議案包括：歐盟和其他第三國之間的條約、新會員國的加入、公民資格與居留權、共同農業政策的改變，以及區域發展基金的運用。

歐洲議會也在1986年獲得處理「共同決定程序」的權力；如果歐洲議會最初否決執行委員會提出的議案，則歐洲議會得以藉由該程序和部長理事會合作，就該議案達成妥協。經由「共同決定程序」，成立一個協調委員會，委員會成員由歐洲議會、執行委員會及部長理事會各派遣相同人數的代表參與，共同研究爭議中的提案，並且尋求三方面均可接受的妥協方案。如果無法達成協議，則歐洲議會得逐行將該議案退回執行委員會，執行委員會必須選擇放棄該議案，或是修正該議案以爭取歐洲議會的同意。

從這一方面看來，歐洲議會握有對議案的最後決定權；而1991年〈馬斯垂克條約〉的簽訂，更賦予歐洲議會另外一項權力：就是歐洲議會得以對歐洲聯盟執行委員會主席行使同意權。1994年時，英國首相梅傑(John Major)否決了以德漢(Jean-Luc Dehaene)為歐盟執行委員會主席的提議，當時歐洲議會僅以260票對218票通過桑提(Jacques Santer)為新任的委員會主席，當時這幾乎造成歐盟的政治危機。然而除此之外，〈馬斯垂克條約〉並未替歐洲議會增加其他

的權力。〈馬斯垂克條約〉在歐洲經濟共同體原先的社會和經濟政策之外，另外增加外交和國防政策，以及司法和內政政策，成為歐盟的三個主要支柱；但並未讓歐洲議會在新增的兩項事務上，有任何實際的控制權。雖然歐洲議會有權力討論這兩方面事務的議案，但是並無權去修改或是否決該議案。

直到1979年之前，歐洲議會的議員是由各國國會議員兼職擔任。但自1979年以來，即經由直接選舉產生的六百二十六位全職歐洲議會議員，任期為五年，和歐盟執行委員會的委員任期一致。自從1990年10月德國統一之後，德國由原先的八十七位歐洲議員增加至九十九位。法國原先要求德國歐洲議員人數維持現狀，但是最後同意不再堅持，條件是歐洲議會仍須繼續在史特拉斯堡召開。

法國、英國和義大利目前各有八十七位歐洲議員、西班牙有六十四位、荷蘭三十一位、比利時、希臘和葡萄牙各有二十五位、瑞典二十二位、奧地利二十一位、丹麥和芬蘭各十六位、愛爾蘭十五位、和盧森堡六位。除了英國仍然採行最高票當選的投票制度外，其他十四個會員國均採用比例代表投票制。

目前，歐洲議會最大的政黨團體是歐洲社會主義政黨(Party of European Socialists)，議員人數佔所有歐洲議員中的一百九十八位。第二大政黨為歐洲人民政黨(European People's Party)，包括英國保守黨、阿爾斯特聯邦主義政黨(the Ulster Unionists)、和法國人民民主聯盟(French Union pour Démocratie Française)，計一百五十七位議員。第三大政黨為歐洲自由民主和改革集團(European Liberal Democratic and Reformist Group)，共有五十二位議員。接下來為歐洲左派聯盟集團(Confederal Group of the European United Left)，有三十一位議員。最後是左派綠黨二十六位議員，其餘則分別隸屬於不同的小政

黨。

　　歐盟內部政黨團體的多元化雖然引人注目，但是在歐洲議會之中，共有十個基於政治上友好關係而非國家認同的多國政黨團體。歐盟總共有二億五千萬名合格選民，亦即歐洲議會的各個選區大約有五十萬名合格選民。例如金諾克(Glenys Kinnock)在1993年當選代表南威爾斯東區的歐洲議員，該選區有四十五萬四千七百零四名選民，一般英國國會議員選區平均約為七萬五千名選民。

二　控制和制衡

歐洲共同體法院

　　〈羅馬條約〉(1958)建立歐洲經濟共同體法院（下簡稱：歐體法院）的主要目的，在於評斷各種條約的解釋是否正確。1951年成立的歐洲煤鋼組織以及1958年成立的歐洲經濟共同體、歐洲原子能組織三者的執行機關，在1967年決定合併為歐洲共同體，而歐體法院對三組織均有管轄權。

　　就像美國聯邦最高法院對憲法條文的解釋優先於各州法院的判決，同樣的，歐體法院的決定對於會員國直接具有拘束力。當必須解釋歐洲共同體法律，判決先例案件時，歐體法院的角色格外重要。法院採用布查特所謂的「目的論法」，以解釋當初立法者的真正涵意❽。

　　歐洲懷疑論者對歐體法院特別不友善，他們認為歐盟就像是懸

---

❽　參見Klaus-Dieter Borchardt, *The ABC of Community Law*, Office for Official Publications of the European Communities, Luxembourg, 1994, p. 28.

在英國脖子上的麻煩，英國自身有能力維持國家的法律，不需要其他外國人的幫助；何況，這些外國人的許多見解都抄襲自英國文化。歐洲懷疑論者指出，所謂「目的論法」，不過就是傳統以來，英國法院藉由解釋國會條款文字來建立案例法。另一方面，歐洲懷疑論者也不認為英國人民需要其他法律機構提供額外的權利，因為他們的自由已經有英國法律完善的保障。

對這項批評可能的答辯是指出：勞動力自由流通原則的確立，是因為歐體法院一系列的決定，要求各會員國承認勞動力有自由流通的權利；而且要求各國承認，許多國家的海關以及法律慣例，事實上對其他會員國的公民是有歧視性的差別待遇；在第三章中對勞動力自由流通有更詳盡的討論。所有歐盟的會員國均曾經因為對其他會員國公民有所歧視，而在歐體法院成為被告；而所有國家均因為本國法律和歐洲共同體法有衝突時，最後歐體法院均判決歐體法律優先於本國法，而感到十分厭煩。

後來歐體法院改成歐洲法院，設立在盧森堡，不同於設立在史特拉斯堡的歐洲人權法院(European Court of Human Rights)。1950年〈歐洲人權協定〉簽訂，決議成立歐洲人權法院。歐洲人權法院和歐洲委員會有關，目的在於保護各國人民免於受到國家濫權的侵害。英國媒體時常批評歐洲人權法院以及歐洲法院，儘管如此，英國政府均曾簽約承認兩法院的管轄權：英國於1972年簽訂〈羅馬條約〉以及相關條約，認可歐洲法院的權威；於1950年簽訂〈歐洲人權協定〉，承認歐洲人權法院的管轄權。

執行委員會提出的條例經由部長理事會和歐洲議會的同意，由歐洲法院解釋。這些條例可以分為下列數項：

‧**規則**(Regulations)：直接適用於所有會員國。

・**指令**(Directives)：規範會員國制訂法律，並且採取必要的措施以確保達成指令的目的。

・**決策**(Decisions)：僅約束決策的收文者，不論決策收文者為個人、商業組織或是國家。

・**建議與意見**(Recommandations and opinions)：沒有任何約束力量，但是可以顯示出布魯塞爾、盧森堡和史特拉斯堡等地的政治風向。

歐洲法院設在盧森堡，是歐盟內唯一有權力解釋創立歐盟的條約、以及由執行委員會提出而經部長理事會與歐洲議會同意的立法條文。執行委員會、部長理事會或是其他歐盟組織可以向歐洲法院提出案件；而私人、公司法人或是會員國也可以向歐洲法院提出案件，1991年的〈馬斯垂克條約〉賦予歐洲法院額外權力，得以對國家、公司或是私人科以罰金。在1994年，一個企業集團因為違反第85及第86條自由公平的條款，被判決科以二億四千八百萬歐洲貨幣單位罰款，約為三億英鎊。

歐洲法院有十五位法官，任期六年，可依據十五個會員國之間的同意而延長任期。一旦任職，就不能將他們免職，其他八位為特別辯護人(Advocate General)。根據史汶在《共同市場的經濟》一書中指出，特別辯護人這一職務「對英國法律體系而言，是完全陌生的產物」❾，但對大陸法系而言，卻是司空見慣。特別辯護人的功能類似「法庭之友」(amicus curial, friend to the Court)，向法官解釋他們認為怎樣判決最符合歐盟的利益。理論上，法官並不需要聽從他們的建議，但是實際上，法官卻時常如此做。歐洲法院時常被要

---

❾　Dennis Swann, *The Economics of the Common Market*, Penguin, London, 1990, p. 55.

求做出「假判決」(法文: un jugement préjudiciel; 英文: Preliminary Hearing), 此詞意謂如果一些條件成立, 以及特定行為發生時, 法官可能如何解釋該條法律。但是這種判決在英、美法律系統之中並不會發生, 因為英、美法律系統並不將假設性案件列入考慮。

曾經於1984年到1989年之間, 代表英國擔任執行委員的寇克菲爾德爵士(Lord Cockfield)在《歐洲聯盟: 單一市場的創立》一書第七章中, 提到歐洲共同體:

> 本質上是法國的產物: 它的哲學根源在法國, 在今日, 共同體的官方語言是法文。理所當然的, 共同體的政治組織反映了法國的政治哲學, 特別是孟德斯鳩三權分立的原則

接著, 他又提到:

> 執行委員會是共同體的行政部門, 歐洲議會和部長理事會共享立法權; 而設立在盧森堡的歐洲法院則負責司法權❿。

寇克菲爾德爵士的評論非常有助於我們理解歐盟的制度根源, 同時可以回應部分認為歐盟並不民主的批評。這些批評通常認為, 歐盟並沒有依照英國的國會模式, 也就是可以因為下議院的表決而垮臺。但是徵諸世界其他各國的體制, 例如: 美國和法國兩國雖然均為民主政府, 但兩國政府和議會之間的互動及運作方式, 和英國

---

❿ Lord Cockfield, *The European Union: Creating the Single Market*, Wiley Chancery Law, London, 1994, pp. 95–96.

制度截然不同。但是三國民主的原則卻是一致的，美、法兩國的政治制度都是基於孟德斯鳩三權分立以及權力平衡的模式，兩國政府均有立法以及行政部門，這兩個部門均受獨立的司法權監督。

法治原則也是民主制度的重要基石，同時也是區分民主開放社會和獨裁極權社會的標準。在希特勒治下的德國、前蘇聯政府和目前的中華人民共和國、伊拉克及伊朗等國家，一般人或公、私法人要依法申訴，要求法律保護他們免於受到國家濫用權力傷害的觀念是不可思議的。在歐盟，每一個人及公、私法人，包括執行委員會本身，都有權向歐洲法院提出告訴。第三章將提供一些實際的案例。

從文化以及法律的角度上著眼，為歐盟建立一個法治的觀念是歐洲極為重要的文化和政治遺產。歐洲法治基礎可以追溯到羅馬帝國，當時不僅私人，國家也有義務遵守法律。法治的前提條件，是必須有一個機構決定法律的原則和運作，如果歐盟沒有一個機構決定各會員國法律體系之間衝突的對錯，很難想像歐盟將如何運作。

初審法院

初審法院最主要的功能在於審判違反自由公平競爭的案件，依據〈羅馬條約〉第85條及第86條自由公平競爭條款，或避免會員國藉由個別行為，獨佔或是妨害市場自由公平競爭。如果對初審法院的判決不滿，可以向歐洲法院提出上訴，但是只能針對法律條文運用不當之處提出上訴。有時候人們將美國聯邦最高法院與歐洲法院相提並論，類似美國聯邦最高法院，經歐洲法院判決之後，就不得針對歐洲法院的判決提出上訴。唯一的解決方式就是改變歐盟的法律，而修改後法律僅適用於未來的案件。

歐洲審計院

依據法國「會計法庭」(cour des comptes)的模式，歐洲審計院成立於1977年。和會計法庭相同，歐洲審計院的功能在於監督稅收和預算的運用，期使稅收及預算的運用能夠符合當初通過預算機構的規劃。歐洲審計院能夠檢查任何歐盟預算的帳目，而且可以隨時進行突襲檢查。和法國會計法庭一樣，歐洲審計院每年公布年度報告，對預算執行做成報告並且提出建議。歐洲議會參考歐洲審計院的年度報告，以決定是否正式免除執行委員會管理歐盟預算的責任。

法國的會計法庭有權向經法律判決有行政過失的官員，要求賠償他們在法律上應負擔的金額；相對而言，歐洲審計院的權力就比較受限制。它唯一可以做的只是陳述錯誤已經發生。會計法庭的成員並且可以建議，如果由該法庭負責執行某些特定預算計畫，可以節省多少經費；但目前歐洲審計院並不具有這些類似會計法庭的權力。

三　輔助、建議和數據

歐洲會議

由於執行委員會和部長理事會很明顯的無法提供完備的架構以解決歐洲共同體所面臨的問題，因此有必要採取另外的措施，以輔助共同體的相關事務，歐洲會議於是應運而生，促使各會員國的政府首長首度於1961年2月巴黎集會。1974年12月，法國第五共和總

統紀斯卡(Valéry Giscard d'Estaing)提議將會議制度化，並且每年定期召開三次。如果有特別緊急事件發生，可以召開臨時會議。1990年4月時，召開一次臨時會議，商討德國統一事宜；同年10月，再度召開臨時會議，商討伊拉克哈珊(Saddan Hussein)入侵科威特的情勢❶。

　　歐洲會議處理的其他問題多與歐體或歐盟內部事件有關。這些事件包括在1978年時成立歐洲貨幣系統(European Monetary System, EMS)、在1984年解決英國提供歐洲共同體補助金的問題以及在1991年12月簽訂〈馬斯垂克條約〉。而必須持續召開歐洲會議反映了戴高樂的「由民族國家所組成的歐洲」這一觀念的持久性。如果執行委員會和部長理事會能夠完全達到他們的任務，根本就無須召開歐洲會議。由於部長理事會所有的成員均為民主選舉產生的政府成員，因此也有權力代表其政府，與其他國家進行協商，或是根據本國政府立場在歐洲共同體進行表決。事實上英國外交部長從理事會返國之後，通常必須向他的同僚報告他在理事會的投票取向。令人難以理解的是，首相在什麼方面會比外交部長更能代表本國政府的立場，而能夠在下議院說服議員支持政府的立場及政策。

社會和經濟委員會、區域委員會；歐洲投資銀行以及歐洲貨幣組織

　　社會和經濟委員會(Economic and Social Committee, ESC)在布魯塞爾開會，有二百二十二名成員。這些成員代表不同的利益團體，

---

❶　關於這事件一系列的會議以及相關的資料簡介可參閱Timothy Bainbridge and Anthony Teasdale, *The Penguin Companion to the European Union*, Penguin, London, 1995, revised edition, 1996, pp. 173–176.

例如：農夫、中小型企業界、消費者團體、家庭聯盟和環保運動。社會和經濟委員會僅為諮詢機構，如果歐盟執行委員會、部長理事會以及議會的決策與經濟和社會委員會有密切關係，則須事先諮詢經濟和社會委員會。經濟和社會委員會和同樣設立於布魯塞爾的區域委員會一樣，也是一個諮詢機構，沒有正式的權力去反對或是提出議案。

　　區域委員會由二百二十名委員組成，其中半數來自於較大的地區，而另外一半則來自於較小的地方當局。1991年的〈馬斯垂克條約〉成立該委員會，目的在於使歐盟的立法除了考慮對各會員國的影響之外，也能夠多方面諮詢十五個會員國的不同地區。區域委員會特別重視教育和訓練、社會政策、文化和區域政策以及影響邊界管制的政策，因為這些政策執行結果和各地區密切相關。然而，該委員會並未有獨立的預算，歐洲區域發展基金吸收歐盟30％的年度預算，而該預算是由執行委員會經管。

　　歐洲投資銀行於1958年設立於盧森堡，目的在於資助大規模資本建設，以促進歐洲共同體內部的經濟均衡發展。年度預算約為二百億歐洲貨幣單位（約為二百六十億英鎊），這總額使得《歐洲共同體組織》的小冊子上形容歐洲投資銀行，為「世界上最大的財政機構」，獲得三星(AAA)的最高評等，目前借貸對象不僅為歐盟國家，同時擴展至其他非歐盟國家。

　　〈馬斯垂克條約〉建立歐洲貨幣組織的目的，在於監督將於1999年1月1日推行的歐洲單一貨幣的準備工作。它的總部設在法蘭克福，由歐盟十五個會員國的中央銀行總裁聚集在一起，並於每月召開一次會議，以評估推行歐洲單一貨幣的準備進度。

數　據

　　1996年由官方出版社在盧森堡發行的《服務歐盟：歐盟組織指南》小冊子中，指出歐盟八個組織僅雇用二萬四千五百名員工，不及斯德哥爾摩一市雇用員工的一半人數。

　　事實上，其中雇用的一萬五千名員工係為執行委員會雇員，由此可知該組織的重要性。同樣的，其中三千名員工為翻譯人員，顯示歐盟目前面臨成員語言分歧的嚴重溝通問題，歐盟內部共有十一種官方語言，包含丹麥語、荷語、英語、芬蘭語、法語、德語、義大利語、希臘語、葡萄牙語、西班牙語和瑞典語。剩餘的八千名員工，其中約有五分之一也是翻譯人員，其他則分配在部長理事會、歐洲法院、歐洲議會、歐洲投資銀行、經濟和社會委員會、歐洲審計院、區域委員會、歐洲貨幣組織以及歐洲藥物局。

　　和英國國防部在1996年任用十一萬一千一百三十六名公務員，國稅局任用六萬三千九百六十名，或是社會福利處聘用八萬九千九百六十名的人數相比較，負責三億七千萬人日常生活事務的歐盟，聘用的人數是相當少的 ❷。但是由二萬四千五百人這個數目去推斷

---

❷　1996年*The Civil Service Handbook*所提供的數據顯示，在1995年4月1日，雇用的公務員總數為五十一萬六千八百九十三人。然而根據1996年Whitaker's Almanac，65％由公務員執行的工作現在均由特約機關完成。根據*The Civil Service Handbook*提供的數據，1996年4月1日，這些特約機關雇用總數為三十四萬五千三百四十二人。

處理這些數據時必須十分謹慎小心，不同國家對不同職業的分類有不同的標準。事實上，法國有二百五十萬名公務員，部分原因是法國公立學校的老師是由國家聘任，而非由地方機關或個別學校；而在英國許多由地方行政人員負責的工作，在法國則是由公務員負責。

歐盟行政工作的負擔，可能會造成誤導。因為很多經由歐盟通過立法的執行工作，是交由各會員國本國的公務員來執行。

第三章　基本原則

一　稅、關稅和租稅

如果英國媒體報導屬實，英國多數居民支持加入歐盟的唯一理由，是為了消極避免英國貨物銷售到歐陸而被課徵共同對外關稅(Common External Tariff)。關稅同盟和自由貿易區畢竟是不同的，英國則偏好後者，這可以從英國企圖在1960年成立歐洲自由貿易區與歐洲經濟共同體相抗衡的舉動明顯地看出來。

在自由貿易區內，會員國彼此之間免除關稅，但仍維持對其他地區進口貨物課徵不同稅率關稅的權力。關稅同盟的經濟整合程度則比自由經濟貿易區高，會員國之間不僅廢除彼此的關稅，同時也同意對不論自何處進口的貨品課徵相同的關稅，這就是所謂的共同對外關稅。就這一點而言，史汶在他的著作《共同市場的經濟》中指出，關稅同盟代表「一個封鎖區域的自由貿易，對區域外的世界有差別待遇」❶。

這個觀點回應了麥克米倫(Harold Macmillan)在1957年針對英國拒絕加入歐洲經濟共同體的評論，麥克米倫形容共同體是「自給自足，自我封閉的歐洲高關稅集團」❷。共同市場比關稅同盟更進一步，不僅維持共同對外關稅，並且保證貨物在會員國之間自由流通，同時也提供勞力、資本和服務的自由流動。

1957年〈羅馬條約〉簽訂，隨即於1958年1月1日生效，對法國

---

❶　Dennis Swann *The Economics of the Common Market*, Penguin Books, London, 1990, p. 98.

❷　引自Stephen George, *An Awkward Partner. Britain in the European Community*, Oxford University Press, Oxford, 1990, p. 26.

和義大利兩國國家經濟政策上的衝擊，顯示出兩國經濟政策在根本上的調整，遠大過於荷、比、盧三國或是西德。因為這四國一向偏好自由貿易政策，法、義兩個拉丁語系國家則反而追求關稅保護政策，經由高關稅障礙，使進口貨物價格和本國產品價格在國內市場相當，以保護本國的農業以及工業。即使隨著〈羅馬條約〉的簽訂，法、義兩國仍可藉由對外共同關稅保護本國工業，免於其他非會員國的競爭；但是從此以後，兩國就不能保護本國工業免於其他會員國的競爭，特別是西歐經濟最活躍的西德。

為了建立所謂的歐體四項基本自由，〈羅馬條約〉堅持排除配額和關稅保護障礙。第一項基本自由是藉由降低以往使歐洲國家分離的保護關稅，使貨物得以自由流通；第二項是資本的自由流通；第三是勞動力的自由流通；最後是服務的自由流通，在所有歐體會員國內享有和本國公司同樣工作條件。四項基本自由中的第二項：資本的自由流通，並不像第一項貨物自由流通那般，隨著共同體而成長；勞動力的自由流動，則要等到會員國在資格相互認證一事上達成協議後才得以完全施行，1988年12月21日通過的「指令」，設立了高等教育資格認證的系統 ❸。

儘管廢除關稅進展迅速，歐洲經濟共同體六個創始國於1968年7月1日正式廢除彼此之間的關稅，比預定計畫提前十八個月；但是要直到1993年1月1日，歐盟內部邊界貨物檢查才正式終止。自1968年起，雖然各國仍然對貨物執行技術性的抽樣檢查，但只要這貨物是由歐洲共同體會員國生產，就不需要被課徵關稅。如果貨物是自共同體之外的國家進口，則只對該貨物課徵共同對外關稅，也就是

---

❸　參見Pascal Fontaine, *Europe in Ten Points*, European Documentation, Luxembourg, 1995, p. 31. 關於「指令」一詞的解釋，參見第二章。

不管自哪一國進口，所課徵的關稅稅率都是一樣的。隨著1993年1月1日單一市場的成立，如果為了個人使用目的，私人也可以在任何一個會員國購物攜回本國，而不需負擔任何額外的關稅。

但是其中仍然存在著一些妨礙貨物自由流動的限制，因為歐體各會員國仍能獨立課徵貨物稅，同時也能課徵不同稅率的加值稅。所謂加值稅是一種間接的稅賦，其課徵方式可以以下列汽車修理的例子做簡略說明。如果採用目前最通行的17％為加值稅稅率，汽車修理費用為一百英鎊，則車主必須付一百一十七英鎊。假設根據修車廠的估算，不論其估算的對錯，這次修理替這臺汽車增加了一百鎊的價值，所以車主必須另外再付加值稅十七鎊。同樣的原則也運用在計算工業產品和提供服務的加值稅稅額，這一系統幾乎完全取代1958年前開始施行的間接稅制。

1991年〈馬斯垂克條約〉的目的之一，在於實現歐洲經濟和貨幣的統一，而實現這一目的的基礎則是會員國之間的稅賦政策必須統一；1970年歐洲共同體十二個會員國採用加值稅，是朝這個方向邁進的重要一步。從行政層面而非政治層面分析，所有十二個會員國要在所有稅收項目上課徵同樣的稅率卻十分簡單。一些經濟學者認為，如果「經濟和貨幣的統一」是〈馬斯垂克條約〉的目標之一，那麼除了加值稅外，直接稅也需採行相同稅率。

然而這項提議是極具高度爭議性的。例如目前英國對童鞋、食品和書報不課徵加值稅，也因此無論在理智上或情感上，皆有理由反對英國加入歐盟，因為這些貨物在其他的會員國會被課徵5％到33％不等的加值稅；如果施行提議中對汽、機車課徵相同的加值稅，上述貨物的加值稅則不會增加。目前各國對於汽、機車加值稅稅率有所不同，如果一個人在甲國購買汽車，而在乙國使用，則必

須負擔乙國規定（汽車牌照註冊及使用國）的加值稅。

但是上述關於加值稅的原則並不適用於其他貨物，例如洗衣機和電冰箱，歐盟十五個會員國的公民均可以在任何一個會員國中購買，攜帶至任何一個國家使用，而只需負擔購買當地國的加值稅。因為各會員國間已對這些產品的技術以及安全標準達成協議，生產國有責任確保生產產品合乎歐洲標準。歐盟在收音機和電子合成器的標準已經達成協議，至於汽車的歐洲標準則無法在1998年以前達成協議。

歐盟國家對貨物稅課徵的標準也有差異，特別是英國和法國。根據官方出版社1995年出版的《歐洲消費者單一市場指南》(*European Consumer Guide to the Single Market*)第二版指出，英國遊客可以攜帶的免稅額是800支香菸，90公升葡萄酒，110公升啤酒和10公升的烈酒❹。這些貨物必須是在歐盟會員國的一般超級市場或商店中購買的，而非在港口或機場的免稅商店。同時購買目的必須是為了個人消費，不能販賣給第三者。如果超過規定的限額，海關人員可以要求你解釋，因為如果個人需要如此大量的酒精，顯示有嚴重酗酒的行為習慣。如果當事人可以說服海關人員說200瓶香檳是為了朋友的四十週年結婚紀念或是女兒婚禮，那麼就不會有任何麻煩。如果不能，當事人就會被懷疑企圖逃漏貨物稅，必須負擔在英

---

❹ 我個人並不相信這些數據，也不會以這些數據作為個人計畫的計算基礎，除非我已經從一位負責的海關人員得到詳盡的資料。實際上，我瞭解海關很少進行這類檢查。我無法解釋兩個現象：第一，為何許多英國人出國旅遊，可以攜帶許多便宜的菸酒，而歐盟沒有比較受歡迎。第二，為何英國的超級市場和菸酒專賣店在現行高菸酒稅率下，仍然可以販售如此多的菸酒。

國商店購買時依據英國法律所課徵的貨物稅。

還有其他的限制。例如到芬蘭或是瑞典的旅客,包含這兩國的公民,不能攜帶超過1公升的烈酒,5公升葡萄酒和15公升的啤酒。愛爾蘭和丹麥也有相同的限制,但是對這些國家的海關人員而言,他們關切的問題和英國海關人員並不相同。丹麥、芬蘭、愛爾蘭和瑞典這些國家特別注意酗酒所造成的問題。隨著歐盟的成立,各國雖然逐漸喪失主權,但是根據〈羅馬條約〉第36條的規定,各國並未喪失採取他們認為必要的措施,以保障其居民健康的權利。

這項權利和1987年的〈單一歐洲條款〉(Single European Act)完全符合,該條款目的在於移除邊界貨品檢查的技術障礙,以完成經濟整合的過程。在邊界進行檢查的主要目的,在於確保產品符合歐洲安全和技術標準。日後每個國家都有責任確保該國生產的出口貨品符合歐盟的標準,以避免未來進口至其他會員國時仍需進一步的檢查。

1979年迪戎的卡奚斯(Cassis de Dijon)案件代表貨物自由流通的一個重要里程碑,該案件的判決確立了歐洲法院(European Court)在爭議案件時解釋〈羅馬條約〉條文的權力和角色。德國當局反對由黑莓製作的利口酒在德國販售,原因是該利口酒並不符合在德國販售的利口酒需有25%的酒精含量。歐洲法院裁決在任何一個會員國內合法製造的產品,皆允許以生產國的官方產品商標運送到其他會員國銷售。

為何資本自由流通比貨物自由流通需要較長的時間?這是很容易瞭解的。當一個國家的經濟衰弱時,代表它進口的貨物和服務總額,遠超過於其他國家準備向它購買的貨物和服務總額,而外匯管制是該國政府避免該國貨幣在海外大量流通的許多措施之一。根據

這一點，有些經濟學者指出，資本自由流通只有在歐洲單一貨幣施行時才可能達到。特別是當銀行在兌換外幣時索取的手續費過高，以至於私人向其他較低利率國家的銀行借款而獲利的可能性也因此降低了。由此再度顯示出，資本自由流通如果要對歐盟的一般公民有意義，歐洲單一貨幣是必要的。

1988年時，部長理事會同意一項「指令」，規範了資本自由流通的原則，從而終止了戰後許多歐洲國家為了防止本國貨幣在國外自由流通，而採取的企業和個人必須先獲得政府的許可，才可以將貨幣匯到國外的管制措施。1980年代初期，法國新執政的社會主義政府採行的政策導致法郎貶值，同時也引發了對法郎持續穩定程度的疑慮，法國政府於是重新限制法國人民於海外旅遊時可以攜帶的法郎金額。稍後，法國嘗試規避1988年「指令」的規範，直到1991年才完全廢止所有外匯控制的措施。

貨物和資本的自由流通之後，緊接著就是人員的自由流動，尤其是人員就業的自由。所有國家，不論是歐洲或是其他各地，對於計畫在當地停留長時間的外國人士，尤其當他們入境的目的是要在當地工作賺錢時，通常會要求他們申請特別的許可。即使在今天，一些歐洲以外的國家，例如俄羅斯和大部分的中東國家，要求所有的外國人士，不論任何資格，或是為了何種原因一律需申請簽證；而且嚴格限制外國人士在當地旅遊和工作的權利。〈羅馬條約〉藉由制訂勞動力自由流動的原則，以廢止對歐體的公民工作及移動的限制。例如一位義大利人希望前往德國工作，如果有一位德國雇主願意聘任他，他就不需要向德國政府申請工作許可。

當然該國法律可能要求外國人立刻去申請居住證明，以替代外國人從其本國攜帶的護照或是身份證，尤其是當他們進入的國家有

類似像法國要求任何人立刻出示身份證明的傳統。但是除非當地國確信該名外國人士是位惡名昭彰的罪犯，否則當地國不得拒絕發給該外國人在當地居留所需的必要證件，也不得拒絕該國雇主雇用其他歐體會員國居民不論是長期或是短期的工作機會。勞動力自由流動的原則，意謂著歐體各國不再能夠保護其居民在勞動市場，免於其他歐體會員國居民的競爭；就像現在各國無法保護其本國工業和農業產品，免於其他會員進口產品的競爭。

但是所有政府均有責任保護本國居民，免於受到不符合專業資格的假專家失職傷害的可能性。任何人想成為建築師、醫師、牙醫或律師等專業從業人員之前，必須符合本國官方機構制訂的標準才可以開業。以往如果一位外國人想在歐洲其他國家以醫師或律師的身份開業，他們必須和當地專業人士一樣通過當地國的考試。在歐體之外，多數國家仍然要求他國的專業人士從業之前，必須先通過本國的檢定，例如一位英國醫師如果要在美國開業，他必須在想要開業的州，先獲得該州醫師的執照。在歐體之內，因為會員國彼此已經達成資格相互認定的協議，這個問題就比較容易解決。一位荷蘭的建築師或者是西班牙的藥劑師，不需要參加另外的檢定考試，就可以在義大利或是德國開業。

經濟和社會委員會負責歐體之內這方面的議題。該委員會先討論各種不同專業必須研讀的科目，以及必須通過的考試，然後再決定某科專業必須通過哪些資格考試，才可以在所有會員國執業。例如，義大利建築師的資格考試，不僅和荷蘭一樣，也和所有會員國的建築師資格考試相同。這並不是一個簡單的過程，歐體花費了十七年的時間才達成建築師資格相互承認的協議，十六年的協商才讓各會員國認可其他會員國的藥劑師，在該國執業的資格以及權

力❺。實際上，現在在歐盟執業的定義就是，如果一個人在十五個會員國中任何一國獲得專業資格，就可以在其他十四個國家執業。

達成資格相互承認的過程是逐漸發展，而事實上，現今在歐盟其他國家任職的人數遠少於美國伊利諾州人到德州上班的人數。一個原因是歐洲語言多元化，歐洲公民必須精通其他歐洲國家語言，才能在該國勝任；而美國就沒有語言障礙的問題。另外一個原因是傳統和法律的限制，歐盟國家的許多職業，向來只由該國的公民出任。

歐盟十五個會員國目前仍然必須負責該國的行政、國防、徵稅和公共秩序的維護。自從十九世紀以來，傳統上都由本國公民擔任公務員和軍警人員。但是歷史上並不一定由本國人民出任公職，直到十八世紀末期，法國君主以及一些德國侯爵時常雇用外國傭兵來補充本國的兵力。但是由於十九世紀以來發展的國家主權這一觀念，大體上隱含國家的公職必須由該國公民擔任，在一些歐洲國家，這種觀念甚至推廣到其他專業技能。

所以在法國、義大利、西班牙、葡萄牙和希臘所有公立教育機關的老師，不論層級，都是國家聘任的公務人員。但英國的老師就不具備公務員的身份。直到基金理事會(Funding Council)成立之前，中小學以及專業技術學校的老師是由地方教育當局指派聘任；大學則是獨立機關，自行負責師資的遴選，和中央政府無關。師資問題使英國和其他歐陸的會員國之間產生歧異，有時候甚至造成彼此的嚴重摩擦。因為法國人或是德國人，如果具備適當的資格，可以在英國學校或是大學任職，而且和其他的英國同仁受到相同待

❺　參見Lord Cockfield, *The European Union. Creating the Single Market*, Wiley Chancery Law, London, 1994, p. 79.

遇；但是英國人要在法國、義大利或西班牙的學校任職，就會有困
難。因為英國人並不具備該國公民的身份，英國人只有在獲得公民
資格後，才可以享受該國公民受到的相同待遇，同時具備資格參與
只對該國公民開放的考試。

　　然而這種情勢已經逐漸改變，就像迪戎的卡奚斯案件顯示了歐
洲法院的運作方式，1958年的〈羅馬條約〉成立了歐體法院。最早
在1974年，一位來自荷蘭的律師列那(Reyners)希望能夠在比利時開
業，他完全符合在比利時開業的資格，同時也已經通過所有相關的
考試，但是比利時法律限制擔任律師必須具備比利時公民的身份。
列那律師向歐洲法院提出告訴，歐洲法院判決列那勝訴，同時確立
了共同體法律在適用上優先於本國法律的原則，特別是解釋〈羅馬
條約〉的條文。由於比利時政府已於1958年簽訂〈羅馬條約〉，代
表願意接受歐洲法院的管轄權，比利時政府只有在這一議題上讓
步 ❻。1988年，歐洲法院一系列的決定，將負責執行國家政策，或
是「維護國家利益」與關於商業或是教育事宜的公務人員區別開
來，大幅增加會員國公民在其他會員國工作的權利。

　　因此現在會員國的公民，如果要在其他會員國擔任教職，並不
需要具備該國公民身份的資格。以前只有法國公民才可以參與法國
的國家教師會考(Agrégation)，和稍微容易的教師資格二級鑑定(Certificat d'Aptitude à l'Enseignement Secondaire)。但是現在其他會員國
的公民，如果已經具備該項考試規定的學歷資格，就可以報名參加
這些考試。如果非法國公民通過這兩項考試，他們就可以和其他通
過考試的法國人一樣，有資格被聘任為學校的老師 ❼。

---

❻　參見Klaus-Dieter Borchardt, *The ABC of Community Law*, European Documentation, Luxembourg, 1994, p. 60.

　　理論上，歐洲共同體規定：歐體法優先於各國法的基本原則被擴展到公、私領域時，對於政府權力過於強大的國家的影響特別深遠。例如法國傳統上賦予公務員和政府無可比擬的權力和特權，而這是英語系國家所缺乏的。〈羅馬條約〉中規定當歐體法和本國法有所抵觸時，國家政府必須讓步，類似老師任用資格的案例，會大幅削弱國家的傳統主權。限制國家主權對於保障私人權益特別有幫助。歐洲法院必要時可以保護所有公民以免遭受到本國政府，或是其他國家政府行政過失所造成的損害。例如一位德國公民在法國擔任教師，發現工作環境以及福利等條件，都不如法國同僚，或是他具備相同的資格，卻不能獲聘為正式教師，如果該德國公民抗議類似的行為已經妨礙歐體公民在歐體內自由工作的權利，法國教育當局就不會立即更正規則。

　　〈羅馬條約〉嘗試在貨物、資本以及勞動力自由流通之後，建立第四項自由，也就是服務的自由流通。現今服務業部門是歐盟最大的就業市場，目前十五個會員國服務業就業人口佔60％，製造業為35％，由此可見第四項自由的重要性。相對於1958年時20％的就業人口比例，目前農業部門僅佔5.5％的就業人口。服務業的自由流通對消費者也有重要的影響。如果德國的保險公司可以在法國、西

❼　我個人寧願不要嘗試做這些事，特別是在法國。我一些來自里茲大學法文系的英國學生，曾經參加法國的教師會考(Agrégation d'anglais)，但是結果都落榜。落榜的原因是因為英語口試委員認為，這些英國人的英語會話程度，不能符合法國的標準。現今在歐盟的現象是，歐陸國家的官僚體系正在和歐盟規定的原則作困獸之鬥。目前還不確定歐盟原則是否會落敗，尤其是在法國。即使你在巴黎專業的會計師事務所得到職位，你還是需要申請居住許可。但是在申請居住許可時，你需要能夠出示近期內住在法國所付的電費帳單。

班牙或是丹麥，和當地保險公司受到相同規範條件下提供保險服務，而法國、丹麥和西班牙保險公司同樣可以在德國、英國或是希臘設立分公司，那麼保險費用就可能會降低。傳統上，德國和英國的保險公司比其他歐洲國家的保險公司更有效率。不論是產品製造或是服務提供，自由市場經濟的前提就是自由競爭會使比較缺乏效率的公司倒閉，或者迫使這些公司降低生產成本，提供顧客較為合理的價格。

　　和銀行以及股票經紀公司一樣，保險公司在海外設立分行並不是一件新鮮的事。但是在以前，保險公司必須先和當地國政府協商，獲得該國政府許可之後才可以在該國設立分行。現在歐盟會員國的保險公司有權在任何會員國境內設立分公司，但是衍生的問題和美國汽車保險政策目前面臨的問題相似。自1994年7月1日起，歐盟的汽車駕駛者如果想要向其他會員國家的保險公司投保汽車險，必須特別注意下列事項：國外保險公司的保險項目和當地保險公司投保的項目並不一定一樣；同時，各會員國對於汽車保險課徵的稅率並不相同。例如在丹麥，保險費稅率比英國高50％，比法國高33％。然而，歐盟的保險公司不能要求車主負擔額外費用，以使第三責任險有效及於全部十五個會員國。

　　〈羅馬條約〉中最重要的是第85和第86條。這兩條旨在防止任何公司或是企業集團，摧毀所有競爭對手，形成市場獨佔；而〈羅馬條約〉建立的執行委員會，特別針對違反公平競爭的公司、團體甚至是國家，向歐洲法院提出告訴。例如，在1989年，布魯塞爾機場決定對比利時國家薩賓納(Sabena)航空公司，提供18％折扣的機場使用費。英國密德蘭(Midland)私人航空公司對這一點提出抗議，認為違反了公平競爭的原則。歐洲法院最後判決密德蘭航空勝訴，

從而間接迫使比利時政府改變政策。

之後，在1995年愛爾蘭大陸航運公司抗議摩雷軻斯(Morlaix)市政府給不列顛航運公司的貨輪羅斯科夫港口(Roscoff)的獨佔使用權，歐洲法院再度判決大陸航運公司勝訴❽。這次案件爭執點在於消費者有權選擇便宜的交通運輸工具，各公司必須遵守〈羅馬條約〉規定的自由公平競爭原則，也就是英國所謂的運動家精神，進行競爭。自由公平競爭不但有利於競爭廠商，同時更有利於消費者。自由公平競爭必然會提升品質，以及降低價格；如果〈羅馬條約〉第85以及第86條完全施行，就可以防止卡特爾式的市場獨佔、價格壟斷，歐洲航空票價就會像美國航空市場一樣便宜，而且可以改變目前自巴黎到羅馬的機票票價，遠超過於從倫敦到紐約的情形。執行委員會於1992年7月決議，歐洲的航線將於1997年1月1日開放，但後來因故而延遲至當年的4月1日。法國廣播以頭條的晨間新聞處理「開放天空」的決策，也許因為當天法國航空公司正好舉行罷工。然而英國國家廣播公司BBC只是輕描淡寫地處理這新聞，英國媒體並未對這新聞加以評論。雖然預測「開放天空」是否會導致航空票價下跌還言之過早，但是法國廣播特別提到英航已經在尋求降低成本，使票價在市場更具競爭力的方案。英航目前只計算空姐和空少實際上在飛機值勤的時數，而他們在其他機場等待下一班機的時數，則並未計算在薪資之內。

如果歐盟決定終止卡特爾、價格固定的政策正式付諸實踐，這會使歐盟的功能看來有些矛盾。從一方面看來，自1951年簽訂〈巴

---

❽ 參見 *La Politique Européenne de Concurrence*, XXVe Rapport sur la politique de concurrence, Commission Européenne, Brussels, 1995, pp. 22, 50 and 51.

黎條約〉成立歐洲煤鋼組織以來，會員國之內的煤、鋼工業由私人擁有並未受到質疑，而由歐洲煤鋼組織誕生的歐盟，則徹頭徹尾都是資本主義的組織。但是，在古典馬克斯理論中，對於勞動階級而言，國家只實踐微弱以及負面的行政工作，或是僅負責列寧指出的「布爾喬亞階級事務的行政管理工作」。但是〈羅馬條約〉成立的超國家組織，現在卻扮演一個截然不同的角色。歐洲法院、執行委員會和部長理事會等歐盟組織現在成為具有無可限量的權力的國際組織，他們採取干預政策以保障消費者的利益，免於受到企業組織的剝削，而這些權力是以前嘗試保護消費者利益的組織所羨慕的。

二 國際比較和對照

1946年9月19日，邱吉爾在蘇黎世發表演說，提到必須成立一個類似美國的「歐洲聯邦」（a kind of United States of Europe），即使這一目標並不為英國一般民眾所接受，甚至邱吉爾本身也認為英國最多只會是該組織的準成員。如果和美國聯邦模式加以比較，有助於我們更加瞭解歐盟的性質及運作。

類似美國各州之間，歐盟會員國之間沒有任何關稅障礙，而會員國居民享有在歐盟各國之間旅行以及工作不受限制的權利。美國有單一貨幣，美元；而美元幣值在美國五十州之任何一州都是一樣的，如果依照預定計畫，歐洲共同貨幣將於1999年1月1日推行，將使歐盟和美國更為相似 ❾。

❾ 歐元按照計畫順利於1999年1月1日正式推出，歐盟各國商店現今均需同時以歐元和本國貨幣標示貨品價格，但歐元的紙鈔和硬幣要到2002年1月1日才開始發行。

儘管如此，也不應太過於強調歐盟和美國之間的相似性。美國有聯邦儲備銀行(Federal Reserve Bank)決定全國的利率，而聯邦政府決定所得稅和營業稅稅率；但是歐盟則並未如美國有統一的中央政府以及中央銀行決定稅率及利率。即使歐洲共同貨幣推行之後，歐盟可以代替各國決定利率及稅率，但是兩者之間仍有極大的差距，這些差距在於美國有一個統一的政府，以美國總統為國家元首和三軍統帥，決定共同外交政策，此外由美國國會制訂聯邦法律，由聯邦最高法院負責解釋法條。

歐洲和美國的差異在於，歐盟和其前身歐體一樣，兩者都缺乏傳統國家的特色。它並未有軍隊以防禦其居民免於外來的侵略、缺乏警政單位保護居民免於內政混亂；此外也並未發展出共同的外交政策、根據定義也沒有共同的語言。接近義大利弗羅倫斯的費蘇里(Fiesole)所設立的歐洲大學機構(European University Institute)只接受研究生。另外還有九所歐洲學校專門接納歐盟雇員的一萬五千名子女，這些學校在貝根(Bergen)、寇漢(Culham)、法立斯(Varese)、盧森堡和卡斯魯爾(Karlsruhe)各有一所，在慕尼黑以及布魯塞爾則各有兩所。如詩般縮寫而令人難以理解的計畫如伊拉斯謨斯(ERAS-MUS)和蘇格拉底(SOCRATE)使歐盟各地的學生可以在別的大學進修，但是訪問學者並不像以前中古時期那麼多。

歐盟既未對個人課徵所得稅、對企業公司徵收營業稅、也無需承擔市政計畫、道路維修和海岸線防護；然而歐盟逐漸參與環保事項，同時設立供水的安全標準。但是這些服務事項仍然是各國政府的責任，例如提供各國人民健康的服務仍是各政府的責任。雖然歐盟會員國家公民在另一個會員國得以和該國公民同享該國的醫療，以及其他福利措施。例如英國人到義大利、比利時或法國旅遊之前

申請E111表格，當他們在這些國家停留時，就可以根據該國制訂的標準，而不是依據英國國家醫療制度設定的標準，享受該國的醫療服務。像社會安全和教育一樣，提供醫療服務是各國政府而非歐盟的責任。

　　歐盟係由一系列的組織組合而成，不同於美國擁有一個中央政府。這些組織機關的運作方式已經在第二章中討論過，在第二章中也對歐洲法院和美國最高法院作詳細的對比和分析。就法律而言，歐盟的權力多數和經濟事務息息相關；從預算的角度看來，歐盟的預算即使和最小的會員國相比較也是微不足道，總數不超過國民生產毛額(Gross National Product, GNP)的1.5%。英國每年在每一位英國公民身上花費約四千五百英鎊，而歐盟對十五個會員國所有公民的花費，每人不超過一百三十英鎊。

　　將歐盟和美國就經濟及政治方面相比較，有助於我們更為瞭解歐盟的運作。根據經濟理論指出，較大的市場比較小的市場更有效率，大市場有比較多的顧客，所以有規模經濟的效應。同樣的，製造過程如果生產較多的物品，生產成本和產品價格會降低；一旦規模經濟成立，印刷二十萬本書和印刷十萬本書的成本相差無幾。經濟規模的原則適用於汽車、洗衣機、電視機、口袋型計算機、煤鋼物資和其他產品。另外，歐盟在經濟整合之後，會享有另一個優勢，也就是各國將不需要浪費資源於重複的研究和發展計畫。一般解釋美國或日本經濟繁榮的原因時都會提到，兩國廣大的國內市場使其國內生產者具備相當的經濟優勢，而這使國內生產者能提供消費者比較便宜的產品；一則因為大市場能提供規模經濟，美國國內市場為二億五千八百萬人，日本則有一億二千五百萬人；另一個原因則是研發的成本可以集中在單一國家。

　　美國每年花費2.8％的國民生產毛額在研發上，日本則為3％；相對於美、日兩國，歐洲聯盟十五個會員國的總和僅有2％。根據1986年簽訂的〈單一歐洲條款〉，歐洲單一市場於1993年1月1日正式成立，該條款的長期目標是建立一個可以和美、日兩國公平競爭的統一經濟區。十五個會員國目前的人口總數為三億七千萬人，提供一個目前最大的潛在消費市場，由於其廣大的市場潛力，歐盟希望能藉此優勢提高研發經費，使其目前較少的研究經費比例能在未來高過於美、日。

　　較大的市場也較有效率，因為流通的物品不需要被課徵關稅，1940年代的歐洲，任何一個歐洲國家製造的物品，很少能夠在該國之外販售，而不被進口國家海關檢查以及課徵關稅。歐體六個創始會員國於1957年3月25日簽訂〈羅馬條約〉的最大貢獻在於，1968年7月1日正式移除會員國彼此之間的關稅障礙。這顯示出1950年代開始從比較小的區域進行歐洲統合是多麼明智的決定。歐洲整合並不是從一個比較大的區域開始，也不嘗試一次將所有不同歐洲國家的政治和經濟統一在單一市場之內。由於法國和西德兩國主要的工業區域在地緣上十分接近，所以兩國的政治家在初期以彼此在經濟上互補，同時在兩國的經濟上扮演相似角色的兩項工業：煤、鋼，作為歐洲整合的基礎。

　　歐盟是從1951年成立的歐洲煤鋼組織不斷演進的結果，十五個會員國（奧地利、比利時、荷蘭、盧森堡、丹麥、芬蘭、法國、葡萄牙、西班牙、英國、義大利、德國、希臘、瑞典、愛爾蘭）實際上已經廢除彼此之間的海關。從愛爾蘭到德國、從義大利到丹麥、從葡萄牙到芬蘭運送貨物，和美國貨物從德州到北達科達州、或從加州到麻州並沒有任何實質和形式上的差別。

　　和美國的另外一個相似性在於，歐盟十五個會員國邊界的護照
管制最後可能終將廢除，而這可說是實現1945年擔任艾德里工黨政
府外交部長畢汶(Ernie Bevin)的夢想。畢汶曾經指出他的外交政策
目標，在於使每一位英國遊客，未來直接走到維多利亞車站，買一
張到目的地的火車票之後，就可以出發。這個夢想對於現在歐盟的
公民而言並未完全實現，因為在一些會員國邊界之間仍然有檢查
站，而旅客偶爾仍會被攔下檢查護照文件。但是在法國、義大利或
法國、西班牙之間的邊界管制已經完全廢除。即使目前從德國開車
到法國，仍然不能像由美國加州開車到奧勒岡州一樣自由通行無
阻，但是這個目標是指日可待的。

　　1995年3月25日，法國、德國、盧森堡和荷蘭在盧森堡的小鎮
申根簽訂〈申根公約〉，來保障彼此之間人民自由移動的權利。義
大利、西班牙和葡萄牙在同一年隨後加入該條約，同時決定採行簽
證發放的共同政策。就這個觀點看來，〈申根公約〉的明顯缺點之
一，在於使所有會員國在入境管理以及移民規定上採取共同的政
策。

　　根據〈申根公約〉，第三國家的公民，例如澳洲、阿爾及利
亞、巴西、緬甸、加拿大、查德或是南非的旅客進入歐洲只需要申
請一次簽證，就可以在歐洲通行無阻。一旦他們能夠在歐盟任何一
個機場或是港口的海關證明其身份並被允許入境，不論是德國漢
堡、法國巴黎或是葡萄牙里斯本，當他們要前往義大利、西班牙或
是希臘時，就不需要再接受任何檢查，或是向這些國家申請簽證。

　　另外，除非第三國家的旅客獲得特別許可，否則他們仍不能在
歐盟內工作。由於他們並不是歐盟的公民，所以並不能享受〈羅馬
條約〉第3、第8以及第48條關於勞動力自由移動的權利。旅客在歐

盟內的自由流動，和第三國貨物進入歐盟的過程類似，因為歐盟僅對第三國進口貨物課徵一次共同對外關稅之後，第三國貨物就可以在歐盟內自由流通。〈申根公約〉完全施行之後，將會使歐盟和美國更為類似，因為進入美國的旅客，申請一次簽證之後，在美國五十州之間就可以自由移動，而不需要接受任何檢查。

　　歐盟的警察單位基於現實因素而反對〈申根公約〉的徹底施行。因為邊界管制是打擊和預防犯罪的最佳防線，同時也是防疫的重要關口，目前歐盟許多國家皆未完全杜絕狂犬病。所以雖然英、法兩國之間的海底隧道已經通車，海峽兩岸之間的交流更為便利，但是英國海關對於進入英國的動物還是必須進行隔離檢疫。另一方面，荷蘭對於麻醉藥物的態度遠較法國或比利時等國更為寬鬆，而正是這一原因促使法國援用〈申根公約〉的保護條款，對入境法國的旅客，不論來自歐盟會員國或是第三國家進行隨機抽樣檢查；而對來自北歐或是東北歐的旅客，法國更特別進行抽檢。電腦科技可以加速國際間防制犯罪資料的傳遞速度，但是由於目前尚不足以使歐盟會員國之間的資料能夠迅速傳送，例如：德國警方獲得一個國際罪犯的資料，並不能將資料立刻傳輸到歐盟各地的港口或機場的海關，以防止該人進入歐盟。因為從歐盟任何一個會員國進入之後，就不需要在其他會員國海關接受詢問及檢查，除非歐盟能夠在防制犯罪一事上達成合作，否則人員自由流動的原則，反而會對歐盟的治安造成影響。

　　然而，丹麥和英國一開始就表明他們不願意履行〈申根公約〉的立場態度，同時堅持維護主權國家對於邊界管制的權力。除了在戰爭時期之外，英國公民平時並未攜帶身份證明文件，甚至從1939年到1945年之間發行的身份證明，上面並沒有個人相片；但是法

國、西班牙、義大利以及德國的身份證上面都有個人照片，而這些
國家的公民在警察的要求下，必須出示其身份證來證明其身份。

　　英國缺乏身份證部分原因是：十七世紀以來英國人民不信任政
府擁有過多的權力，部分原因則因為英國是海島國家，有和歐陸隔
絕的優勢。由於海關人員較容易檢查入境英國的外國人身份，所以
英國政府就未賦予英國警察在街上盤查行人，要求其出示身份證明
的權力。英國民意調查顯示英國人民對於經濟以外的歐盟事務並不
十分信任。對歐洲懷疑論者而言，〈申根公約〉有兩項缺失，第
一，它使其他國家人民更容易進入英國；第二，〈申根公約〉使未
來英國更有可能採行非英國傳統的身份證制度。

三　國家、態度和保留

　　英國持續並且廣泛的使用「共同市場」一詞來指稱1993年11月
1日起成立的歐盟，顯示英國只看重成為會員國在經濟上的得失。
這態度和西班牙及葡萄牙的態度截然不同，這兩國將歐盟視為是他
們得以與歐洲整合為一體的手段，從而免除「非洲的北端起始於庇
里牛斯山」(Pyrenees)的譏諷。西班牙鮮明的區域傳統，被加泰隆尼
亞地區(Catalonia)獨立運動的潮流和加泰隆尼亞語文的活力而加
強，具備鮮明區域特色的西班牙加入歐盟，代表歐盟是「屬於區域
的歐洲」(Europe of the Regions)，從而減低中央國家權力的過度擴
張。

　　和到1980年代末期才支持歐盟的英國工黨相似，希臘比較不熱
中於歐洲統合，該國的社會主義政黨仍然對於大部分為資本主義國
家的歐洲抱持著敵意。然而，由於希臘是十五個會員國之中最窮的

國家，經濟因素使希臘明確感受到歐盟區域發展基金的好處。成為歐盟會員國的基本資格是：該國的政治制度必須符合議會民主制度，並且尊重人權。由於1967年4月21日軍官團發動政變推翻希臘民主政府，建立獨裁政權，希臘因此不符合申請加入的資格；直到1974年7月4日軍官團被免除政權，希臘國內要求申請加入的支持度再度增加。另外，希臘加入歐盟也和擔心土耳其成為歐盟會員國有關，因為如果希臘不加入，則希臘的席位可能會被土耳其替代，希臘最不想見到土耳其成為歐盟的會員國 ❿ 。

　　從其他會員國對希臘的態度可以發現，為何歐盟會員國對英國加入的態度並不如預期中不友善的原因，因為各國均意識到歐洲對兩國的歷史虧欠。就像喬治(Stephen George)在《乖張的伙伴》(*An Awkward Partner*)一書中所形容的，當初英國明顯地為了私利，對於是否加入猶豫不決；現今英國仍然打算維持相同的觀望態度 ⓫ 。然而由於英國在1940年到1945年期間獨立對抗德國，使民主歐洲得以屹立的歷史記憶，讓各國對英國仍有殘餘的敬意，至今仍未完全消失。同樣的，當希臘在1981年成為歐洲經濟共同體的第十個會員國，這一事件不但有政治上，也有歷史象徵意義上的重要性；因為構成現今歐洲文明特色，包括：對知識的寬容、對科學的求知慾、哲學思辨以及政治民主，這些特色正是在西元前五世紀的雅典開始萌芽。

---

❿　土耳其和希臘的衝突有歷史上的根源，而近年來更因賽浦路斯而水火不容。

⓫　Published by Oxford University Press, 1990. Lord Cockfield在他的著作*The European Union. Creating the Single Market*, Wiley Chancery Law, London, 1994. 形容英國就像是個「猶豫的新娘」。

　　德國內部並沒有明顯類似英國和希臘的歐洲懷疑論態度，德國一直認為歐洲的整合是促成歐洲文明國家統一的最佳方式；但不幸的，1933–1945年的德意志第三帝國放棄採行經濟統合的策略，反而進行侵略擴張。對於德國人而言，歐體的會員資格將德國的命運和西歐國家緊密結合，免除德國向東歐尋求盟友的誘惑。德國在1922年4月簽訂的〈拉帕洛條約〉(*Rapallo Pact*)中，成為第一個與1917年成立的蘇維埃政權建立商業和外交關係的西歐國家。而1939年8月和蘇聯簽訂的〈互不侵犯協定〉(*Non-Aggression Pact*)，卻引發了第二次世界大戰的災難性結果。相同的，義大利也認為，歐洲的政治統合有助於義大利擺脫1922年墨索里尼的法西斯獨裁政權，使義大利成為第一個法西斯政府的歷史包袱。由於義大利人民對義大利國內政治弊病深感不滿，而且義大利直到1859年才正式統一，所以義大利人缺乏強烈的國家認同感，這兩個因素使義大利國內較支持義大利加入歐盟。

　　自從法國在1962年撤出阿爾及利亞之後，對於法國而言，邁向一個更為統一歐洲的潮流，是讓法國得以在法國國界之外重新伸張國家權力的一個方式。根據報導，戴高樂在1962年曾經說過歐洲是「自從滑鐵盧一役之後，讓法國再度成為世界第一的手段」。然而因這企圖而產生的法國態度，反而經常讓法國和其他會員國的相處並不諧和，尤其是戴高樂兩次否決英國加入的申請，和1965年的「空椅政策」(empty chair)更不受其他會員國的歡迎❷。在這之前，1962年的弗薛計畫(Fouchet Plan)，即試圖以設立在巴黎較具國家主義色彩的理事會(committee)替代設立在布魯塞爾較具歐洲整合色彩的執行委員會(commission)，提議中理事會的運作方式是經由

❷　Alain Peyrefitte, *C'Était de Gaulle*, Seuil, Paris, 1994, pp. 158–159.

各國文職人員代表其本國，相互協商達成協議。即使法國農業從共同農業政策獲得許多利益，也不能阻止法國內部歐洲懷疑論者運動的興起；和英國一樣，法國歐洲懷疑論者在政治上與極右派和極左派相結合，結果法國在1992年的9月公民投票中僅以些微差距批准〈馬斯垂克條約〉。

荷蘭、比利時以及盧森堡的人民，一直認為他們是歐洲整合運動的前鋒。在1948年1月，三國簽訂〈關稅同盟條約〉，同意彼此之間的貨物、資本、服務和勞動力可以自由流動。而隨著關稅同盟的簽訂而使三國合稱為「荷比盧」(the Benelux Countries)，這一名稱顯示了三國的國家認同可以經由經濟合作而融合。

康納里在《歐洲腐敗之心》一書中，嚴厲批評愛爾蘭加入歐盟的心態：

> 對愛爾蘭的政客而言，掌握分配歐洲聯盟區域基金的權力，意味著在愛爾蘭教區分隔的政治世界中掌握通往影響力、任命權和權力的開關。

康納里同時形容愛爾蘭政客的政治生涯端賴於「歐洲的政治分肥」(Europan pork barrel)❸。相對於康納里狹隘解釋愛爾蘭加入歐盟的動機，其他政治觀察家比較容易理解為何一個在歷史上備受英國侵凌的國家，會如此熱中於掌握藉由和歐陸結合的機會，以表達自己的權利和意見。尤其和歐陸的結合又可以削弱天主教在愛爾蘭傳統政治上扮演的角色，同時歐盟也提供愛爾蘭經濟發展的機會。

❸　Bernard Connolly, *The Rotten Heart of Europe. The Dirty War for Europe's Money*, Faber and Faber, London, 1995, pp. 198 and 207.

更令人訝異的是，愛爾蘭並不像其他會員國，諸如法國、義大利和
英國部分區域，因為共同農業政策而導致農村人口流失；相反的，
共同農業政策反而替愛爾蘭傳統的畜牧業、農業和鄉村生活注入新
生命力。

　　英國並不是歐盟內唯一認為其本國政治不能藉由和歐洲保持密
切關係而得到太多益處的國家。丹麥、瑞典和冰島三國均認為，他
們屬於斯堪地那維亞的文化和語言傳統；和北歐三國一樣，英國較
為重視的是和其他英語系國家，諸如澳洲、和北美之間的關係，這
使英國和其他西歐國家有明顯的隔閡。實際上，芬蘭人加入歐盟的
動機和德國相似，兩國都有和蘇聯為鄰的慘痛記憶。和英國一樣，
斯堪地那維亞國家均沒有經歷過類似德國希特勒、西班牙弗朗哥、
義大利墨索里尼、葡萄牙的沙林傑、希臘軍官團的獨裁和極權政
權、或是法國由貝當元帥在戰敗後(1940)所建立的獨裁以及半反猶
太的維琪政權的經驗。

第四章 實踐上的衝突

一　農業、生產剩餘和保護政策

　　共同農業政策的推動，是造成歐洲經濟共同體經常被稱為歐洲共同市場的一個重要因素。共同市場包括水果、蔬菜、肉類、牛奶、奶油、乳酪、穀物、酒類等農業產品，可以在會員國之間免除關稅而自由販賣。例如，法國生產的水蜜桃和蕃茄無法藉由課徵關稅，以提高自其他會員國進口的蔬菜、水果價格，而用較便宜的價格，和西班牙或義大利的產品在法國市場內競爭。法國農業生產者必須經由減低生產成本，並且提升產品品質，來和其他會員國的產品競爭。共同農業政策並不表示在所有會員國之間施行統一的價格，而是不論農場的大小，各會員國的所有農業生產者均享有一樣的最低保證價格。

　　只要符合一定的衛生或安全標準，諸如桃子、豬肉、家禽以及計算機、汽車和鐘錶等貨物，都可以在歐體十五個會員國之間自由販賣。然而對從非會員國進口的農產品，包括工業產品，如日本的電視機、美國的汽車或是瑞典的家具，都要課徵共同對外關稅。不論這些產品是從倫敦、拿波里、阿姆斯特丹、雅典進口，或是從智利、中國、烏拉圭、阿根廷出口，關稅稅率都是一樣的。稅率的不同取決於產品的種類，而不是依據產品的產地或是進口國。

　　共同對外關稅不但塑造了政治意識，同時創造出經濟認同感，從而界定了各個會員國和非會員國有同樣方式的經濟關係。由於歐體的外交政策目前尚處於萌芽期，共同對外關稅提供了各會員國對「第三國」(Third Countries)一個統一關係的基礎。所謂「第三國」，根據布魯塞爾發展的官方用語，即是指所有非歐洲的國家。

各國制訂關稅有兩項主要功能:一是藉由對進口商課徵關稅,以提供國家稅收;另外是保護國內產業免於國外進口產品的競爭。由於沒有任何歐體國家以進口關稅為國家主要財政收入來源,所以對進口到歐體之內的所有貨物課徵共同對外關稅的主要目的,只在於保護產業,特別是農業生產。

由於氣候或其他因素,英國和義大利農產品的生產成本,仍高於美國和加拿大;法國畜牧業成本高過澳洲;荷蘭的奶油生產價格,也高過於自紐西蘭進口。歐洲重要農業項目得以存活的主要經濟原因,就是在於海外產品課徵關稅,避免海外的農產品價格過低,而比歐體的產品對消費者更具吸引力。為了達到〈羅馬條約〉第39條「保障農業團體合理生活水準」的目的,保護政策勢在必行。

在《馬克白》第二幕,腳夫在地獄中與一位因為生產過剩而上吊自殺的農夫的對話,可以代表農業生產在歐盟面臨的困境。如果農業系統可以在荒年生產足夠的糧食,那麼豐年時,農業生產不可避免的就會過剩。由於市場上的競爭使糧食價格下跌,農夫無法回收成本,因而面臨破產的風險。共同農業政策提供農產品一個固定的保證價格,以避免上述風險的發生。這項制度刺激農業生產者生產能夠滿足需求的農產品,並且針對無法在公開市場售出的農產品,事先訂定一個固定保證價格。

農產品的保證價格自然低於農業生產者在公開市場上可以得到的市場價格,也不至於讓農業生產者有特別豐厚的利潤。事實上,法國農業生產者在1991年秋天的示威遊行中顯示,保證價格可能低到使牧農業者陷入生活困境。如果其中一年夏季乾旱,而冬天和來年的春天又是異常的久旱不雨,牧農業者可說幾乎沒有利潤,因大

部分成本皆花費在購買飼料上。然而農產品保證價格的確免除了歐洲農業生產者因為過度豐收而走投無路的困境；農業生產者不致於因為市場價格過低，而必須向銀行借貸更多的金錢。

市場最低價格和較高的農產品保證價格之間的差額由歐洲農業輔導和保證基金(European Agricultural Guidance and Guarantee, EAGGF)補貼。十五個會員國自稅收中提撥部分金額成立歐洲農業輔導和保證基金。稅收包括進口關稅、對國民消費捐，以及對由「第三國」進口的工業和農產品所課徵的關稅。

共同農業政策有四點受到詬病。首要的爭議是，共同農業政策提供農業生產者過高的保證價格，以致於他們毫無節制的生產，造成過多的剩餘農產品，浪費歐體內納稅人的錢。第二點，不論從市場價格抑或保證價格而言，如果農業生產者生產得越多，他的利潤就越大；因而保證價格對於大規模生產者比對小型生產者較為有利。第三點，共同農業政策也將歐體轉變為富人的俱樂部，第三世界的貧窮國家發覺這項政策對他們緊閉了歐洲市場大門，因為這些國家的農產品價格低廉，在歐洲市場上相當具備競爭力；但是由於歐洲共同對外關稅，迫使他們的農產品必須以較高價格在歐洲市場上競爭。第四點，藉由提供農產品出口補助，共同農業政策讓歐洲農業生產者得以較低的價格在歐體之外傾銷。從共同農業政策的批評者角度而言，外銷價格低於生產成本的傾銷行為，嚴重的損害了發展中國家的利益。

更甚者，美國人認為共同農業政策妨礙自由競爭，扭曲了世界貿易。因為歐體提供其農業生產者有利的財政補助條件，而使世界其他地區的農業生產者遭受到損害。共同農業政策不僅使歐洲市場成為歐洲農業生產者的地盤，更使歐洲農業生產者喪失任何動機去

降低生產成本及產品價格，以和海外較有效率的生產者競爭。根據批評者的觀點，這項政策創造了一個過於強大的貿易集團，這集團嘗試替整個世界制訂農產品價格。藉由防止較便宜的農產品進入被保護的歐體內，這項政策也讓歐體內的食物價格居高不下。即使在1980年代中期改革後，根據法國經濟史家臻內尼(J-M. Jeanneney)的估算，歐體制定麥類的價格，比世界平均價格高出53％，奶油高出153％，糖則高出200％ ❶。

　共同農業政策的支持者回應說，農產品的剩餘從未超過總生產量的5％；這種情形比蘇聯和東歐農業體系長期糧食缺乏好得多。蘇聯自1917年之後開始發展計畫經濟，1945年後，蘇聯更將計畫經濟強力施行在其東歐附庸國中。共同農業政策的支持者同時提醒批評者，根據1975年的〈洛梅公約〉，歐洲經濟共同體提供來自加勒比海、非洲和太平洋超過七十個發展中國家一個管道，使他們大部分的農產品得以進入歐洲市場。這些支持者進一步指出，歐體向美國及發展中國家購買的農產品比販賣的多三倍；另一方面，美國也提供美國農業生產者外銷補助，幫助他們外銷農產品。

　歐體內部對共同農業政策也有批評，農、漁業者均批評共同農業政策提供他們不當保護，而避免從「第三國」進口產品的競爭。法國農業生產者封鎖道路、銷毀運送的農產品，表達他們對當局對於共同對外關稅的課徵沒有善盡職責的不滿。法國農業生產者也抱怨關稅稅率過低，同時特別質疑從英國進口到法國的羊肉，認為這些羊肉實際上來自於紐西蘭，因此根本不應免稅輸入法國。同時，

---

❶　J-M. Jeanneney, *L'Économie Française depuis 1967*, Paris, 1989, 引自 P. M. H. Bell, *France and Britain 1940–1994. The Long Separation*, Longman, London, 1997, p. 240.

英國報紙特別批評共同漁業政策，認為將共同漁業政策附加在共同農業政策是多此一舉；並且認為英國政府當初簽訂〈羅馬條約〉，同意接受歐洲共同體法院(Court of Justice)管轄權的決定，犯了根本錯誤，而導致英國在日後漁業爭端中的不利地位。費克脫太案件(Factortame Case)就是一個明顯例子。

1983年共同農業政策改革修正若干措施，最重要的是限制並修改所有會員國享有均等進入歐洲水域權利的原則。在相當程度上，這些修改滿足了英國堅持各國應有十二浬的排它領海(exclusion zone)，保留給該國漁業船隻以及傳統用途。然而，英國傳統漁業的競爭對手西班牙，運用這條款的漏洞，在英國港口註冊其漁船；英國隨之在1988年制訂〈商船海運條款〉(Merchant Shipping Act)加以反制。此條款雖限制了外國船隻在英國港口註冊的數量，但卻有一致命弱點；西班牙漁民在1991年向歐洲法院上訴，判決這條款違反了〈羅馬條約〉第7條不得因國籍原因而歧視其他會員國公民的原則。

這項上訴被稱為費克脫太案件(Factortame Case)，歐體法院裁決西班牙漁民勝訴，英國政府則必須放棄為保護其漁民利益而被視為不公平競爭的企圖。漁船被沒收的西班牙船主向歐洲法院上訴，要求英國政府賠償他們因裁決之前，無法使用漁船所產生的損失。歐洲法院將這上訴駁回位於倫敦的最高法院(High Court)。根據報導的估算，如果西班牙漁民勝訴，英國政府可能必須賠償西班牙漁民四千萬到八千萬英鎊不等；而根據1996年9月11日的《每日郵報》估計，賠償金額可能至少為八千萬英鎊，最高可達一億五千萬英鎊。最後裁決的賠償金額為三千萬英鎊。

歐盟的支持者指出，歐洲共同漁業政策適用於所有會員國。法

國和西班牙的漁民和英國一樣持反對的態度。他們也注意到以過度國家主義式的態度面對共同漁業政策的問題，與各會員國之間興起的種族歧視環境非常相似。他們表示，這些態度在工作和住宅缺乏的地區一再發生。並且認為如果不是因為過去數個世紀以來，歐洲沿海區域實際上可說是全球的海域過度濫捕，這些問題就不會發生。對他們而言，共同漁業政策並非產生漁業爭執的主因，他們追溯到1960年代的漁業爭端，由於冰島政府單方面宣稱將經濟海域擴大到沿岸二百浬，不允許英國漁民在其傳統捕魚區域捕魚，因而爆發了英國和冰島之間的「鱈魚戰爭」。

1997年2月，兩家英國出版社發表了對漁業爭議所持的相反意見，這提供了英國內部爭議關於成為歐盟會員國的縮影。金匠爵士(Sir James Goldsmith)成立的公民投票黨所出資發行的《新聞》，免費贈送給英國所有的家庭，其中有一篇布克(Christopher Booker)的文章〈背叛英國漁民的秘密協定〉。這篇文章認為，1970年奚斯爵士(Sir Edward Heath)準備申請在1973年1月加入歐體的談判時，落入了六個創始會員國設計的陷阱。六個創始會員國已經預計到在未來的幾年內，經濟海域將延伸到沿岸二百浬處，因而粗製濫造地規定：所有會員國在其他會員國經濟海域內，皆擁有相同權利從事漁業活動。如同布克所指出的，這意謂著：英國海域中五分之四的漁業資源，從此將成為歐體的共同資源，而落入了歐體的第一個陷阱之中。

根據布克的說法，隨著英國成為歐體的一員，則必須在1983年接受共同漁業政策；而共同漁業政策僅分配給英國37％的配額，但實際上，英國卻擁有80％的漁業資源。隨著西班牙在1986年加入歐體，漁業問題變得更為嚴重。西班牙就像是擅闖他人巢穴的布穀

鳥，藐視保育的原則，以龐大的漁業船隊濫加捕撈。布克指出，自從歐體給西班牙在共同體水域內有同樣的權力，越來越多的西班牙漁船得以在英國旗幟下攫取英國的配額。

有一些意外的是，布克竟採用巴力(Richard Barry)在1997年2月號《展望》月刊中〈暴怒〉(*Hopping Mad*)一文的證據以支持他自己的論點。巴力的論點是，歐體於1970年議定漁業共同政策時，每個國家均依據上年度所申報的漁獲量分配固定的限額。然而在英國加入之後，決定1973年到1978年的配額時，英國漁業廠商誠實申報漁獲量，而其他會員國則浮濫的虛報漁獲量。這就是為何布克指控說英國應獲得80％，卻僅有37％配額的數據由來。

事實上，巴力在他的文章中指出，在歐體中有二千九百艘長度超過十公尺以上的漁船，僅有一百四十艘追求配額的漁船以英國港口為基地。而這一百四十艘漁船之中，有三分之二屬於西班牙，其他則主要屬於法國和荷蘭。為了支持他的論點，巴力提出兩個論點，說明漁業盜捕雖然是一個很重要的地方性議題，但是並不嚴重到可以危害會員國在歐盟內對等貿易的重要原則，或是讓會員國之間發生衝突，彼此羞辱 ❷。

巴力的第一個論點，是進入歐盟水域的平等權是一體兩面的，例如補助西班牙的殼牌汽油(Shell)，多年以來已經成功的在西班牙的瓦倫西亞海域發現並開採原油。第二個論點，是在其他地區的船隊競爭下，英國康瓦耳郡(Cornwall)的漁業遭受到嚴重影響，然而大部分漁船並不以康瓦耳郡為基地，而且使康瓦耳郡漁民失業的競爭對手並不來自西班牙，而是來自蘇格蘭的大規模漁業公司。

和其他的歐洲懷疑論者一樣，如著作《歐洲腐敗之心》一書的

---

❷　*Hopping Mad，Prospect*, February 1997, pp. 12–13.

康納里，布克提供的是一個情緒化論點，也因此往往較不具說服力。如同康納里，布克將這一切歸咎於持反對意見者的背誓、不誠實和無能。《新聞》(News)第一版的頭條大標題是

　　他們無恥的說謊

　　康納里在《歐洲腐敗之心》中批評特利薛(Jean-Claude Trichet) 1992年出版的《十年競爭消解通貨膨脹》(*Dix Ans de Desinflation Compétitive*)一書是

　　基本經濟推理的錯誤，明顯的矛盾、術語和其他經濟方面錯誤陳述的愚笨組合❸。

　　反對英國加入歐盟，特別是批評英國參與共同農業政策的人士時常指出：當英國政府切實執行歐盟的規章和指令，其他會員國卻不是如此。即使不符合英國的國家利益，英國依然加以遵守；而其他國家則以不當的手段舞弊，但要舉發或證實這些舞弊卻十分困難。最嚴屬的指控是：由於共同農業政策，所以產生了許多弊端和詐欺事件。這指控或許是真的，至少歐體早在1977年即設立審計院，試圖防範這些弊端發生。許多有關共同農業政策浪費和詐欺的指控，就是根據審計院年度報告公布的資料。

　　支持共同農業政策的論點則有些矛盾，他們認為這些弊端並不相當嚴重，因為農產品保證價格的預算，僅佔歐盟整體國民生產總額的0.5％。雖然農產品保證價格佔歐盟總預算的51％，高出其他預

---

❸　*The Rotten Heart of Europe*, Faber and Faber, London, 1995, p. 201.

算甚多：區域和社會援助基金佔32％、第三世界援助佔6％、行政支出佔5％、研究與發展佔3.5％、工業和教育佔2.5％。但歐盟同意自1995年起未來五年期間內，將減少20％對農業的財政補助❹。此決定符合了歐盟的長程目標，也就是期望歐洲農業能與其他工業，諸如汽車、紡織、家具或家電製造業一樣，完全免於財政上的補助❺。

要使農業完全自足，社會及生態上的成本是不能忽視的。如農場經營工業化的形成，此趨勢在荷蘭和東英格蘭部分區域尤其明顯；而歐洲其他區域，特別是威爾斯部分的地區，以及法國的中部和西南部，農村人口嚴重外流。然而共同農業政策並不是這些問題的唯一因素，早在1760年史密斯(Oliver Goldsmith)即寫作〈赤褐的甜蜜〉(*Sweet Auburn*)一詩，悼念傳統英國農村的衰敗：

土地臨禍成為獵物，
財富累積，農民凋零；
富賈公侯或興或衰；
就像微風來來去去；
平凡的農民是土地的驕傲，
一旦逝去，無物可償。

---

❹ 參見Timothy Bainbridge and Anthony Teasdale, *The Penguin Companion to the European Union*, Penguin, London, 1996, p. 29.

❺ 歐洲農民於1999年2月22日在布魯塞爾示威，並和警察發生衝突，抗議歐盟計畫降低日用農產品，諸如牛肉和穀類的保證價格和補貼；最後歐盟農業部長於1999年3月11日達成協議，削減歐洲農產品保證價格，幅度達20％。

　　農村人口流失似乎是工業化不可避免的結果，出生在窮鄉僻壤的年輕人認為小村落的生活太過狹隘，他們內心一直渴望逃離馬克斯所謂的「平靜而無聊的鄉間生活」。藉由政策的改變，當然可以減緩鄉村人口流失的趨勢。政府可以用稅收補助小農莊，來恢復農村寧靜的生活。但是這些措施需要經過納稅人的同意，而要徵得他們的同意似乎短期內不可能。

　　共同農業政策比其他歐盟的政策更易引發歐盟與美國之間的衝突，共同農業政策的保衛者指出美國政府也花費鉅資，以購買美國生產過剩的肉類和奶油，並用昂貴的冷藏方式加以保存。雖然這些爭議在短期內並無法解決，但情況已有改善。從1973年開始，歐體參加關稅暨貿易總協定的東京回合談判，歐洲執行委員會主要的角色之一，即是在國際商業談判中代表各會員國的利益進行協商。而1990年烏拉圭回合談判的重心，則在於減少關稅貿易障礙和出口補助；最後的談判結果，歐體和美國達成協議，歐體將關稅自6.8％降至4.1％，而美國則自6.6％降至3.4％。相較於1947年世界各國平均關稅高達40％，這項稅率協定對於促進世界貿易的自由化是一項重要的成就。

　　先進工業國家科學化的農業生產組織提供了龐大的生產量，而要為如此龐大的工業制訂生產計畫以解決農業生產過剩的問題，是非常困難的。就這點而言，如同共同農業政策的支持者堅稱，共同農業政策唯一的缺點就是因為它的施行太過成功了。1958年時，人們依舊對荷蘭人於二次大戰之後因嚴重飢荒所受的痛苦記憶猶新。因此使歐洲農業生產得以自給自足，是制訂共同農業政策的動機之一，但一般人卻很少提到這點。正如同歐洲煤鋼組織的成立，以及

1951年簽訂〈巴黎條約〉的最主要政治目的，是為了避免德、法之間的衝突；但自目標順利達成之後，大部分觀察家卻常忽略了這個當初的原始動機。

英國在1958年時拒絕加入歐體的一個主要原因是，英國傳統偏好廉價食物的政策；在各會員國中，也是英國人最常批評共同農業政策使食物價格太高。自十九世紀的中葉開始，英國開始依賴進口食品來維持快速增加的人口，特別是由澳大利亞、紐西蘭、加拿大、西印度群島和美國進口。而英國則出口工業產品來支付進口食物的費用。

由於英國當時沒有保護關稅，因此自國外進口的食物價格遠低於國內生產的食物價格。除大規模的農場外，如果沒有「虧空補貼」(deficiency payment)的制度，從國外進口的便宜食物，將會使英國本土大部分的農業生產者失業。而這項虧空補貼制度，則是運用稅收來補助無法經由農產品買賣而得到足夠收入的農民。

這項制度幫助英國農業迅速擴張，使英國在第一次(1914–1918)和第二次(1939–1945)世界大戰期間，在德國潛水艇封鎖下面臨飢荒時，得以自給自足，度過危機。這個制度的支持者也認為，就社會正義(social justice)的角度分析，共同農業政策讓食物價格居高不下，將使貧困者比富者負擔更重的日常生活費用。以日常必需品麵包為例，年收入二萬五千英鎊的人購買一條一鎊的麵包，結餘遠多過於同樣花費而年收入僅有一萬英鎊的人。

對窮人而言，政府使用富人所付的部分稅收補助農民生產廉價食物的政策，是較符合社會正義的，因為窮人從中受惠遠超過於富人。但實際上，農民喪失了在市場上販賣所生產的農產品，以維持生計的滿足感。由法國農民組織的定期示威當中可以發現，農民最

主要的不滿是：所得到的市場保證價格過低，以至於其所得幾乎只夠他們付清所有帳單，之後就必須靠政府的直接補助度日，而農民並不願意接受這樣的羞辱❻。

從英國消費者的角度而言，問題卻大不相同，英國消費者對英國政府放棄廉價食物政策的決策感到遺憾。而另外一點關於食物價格的爭論，可以解釋英國在1991年時拒絕採用〈馬斯垂克條約〉的〈社會條款〉的原因。和其工業競爭對手相比較，成功維持廉價食物的英國享有價格競爭上的優勢，因為其競爭對手必須付較高的工資來購買食物；假設所有的因素一樣，英國因為工資較低，所以其工業產品的成本也隨之降低，而在價格上具備競爭力。所以廉價的食物，可視為是另外一種形式的薪資補助，正因為如此，其他國家指控英國採用不公平的手段競爭。

在1973年加入歐洲經濟共同體的談判中，英國放棄從美國和大英國協進口便宜食物，以變相維持薪資補助的政策；在其歐體伙伴和競爭對手眼中，英國政府為了要壓低薪資成本，所以拒絕實行〈馬斯垂克條約〉的〈社會條款〉。根據1996年9月3日的《每日電訊》(*The Daily Telegraph*)報導，〈馬斯垂克條約〉其他的社會福利政策，將使義大利每一百英鎊工資成本額外增加四十四鎊，德國增加三十二鎊；相較之下，提供較少社會福利的英國企業雇主得以將福利支出金額壓低到十八鎊。

---

❻　本段和前段論點的爭議，在於前段重點旨在強調共同農業政策，將因課稅而使自非歐體國家進口的農產品價格居高不下；換言之，歐洲人民將需以較高的價格購買國際市場進口的廉價食物。相對而言，本段論點認為共同農業政策對歐體農民的補助，將使其為歐體消費者生產較便宜的農產品，提供歐洲人民足夠的自產廉價食物。

二　立法、補助和自由市場

1988年10月15日，柴契爾夫人在布來頓(Brighton)召開的保守黨大會中指出：

> 我們這些年來努力的目標是使英國免於在社會主義下癱瘓，如今我們也不願意看到社會主義，經由布魯塞爾中央集權的官僚體系後門悄悄的溜進來❼。

她的演說鼓勵了學者、政客和新聞記者組成了布魯日(Bruges)團體，他們對於1991年12月〈馬斯垂克條約〉的部分主張懷有敵意，認為這些條款會威脅英國的主權獨立。

霍姆茲(Martin Holmes)是布魯日團體的成員之一，他在1996年5月24日的《泰晤士報‧副刊》(*Times Literary Supplement*)中聲明：「馬斯垂克下的歐洲，就如同拿破崙和希特勒的歐洲，注定失敗」。霍姆茲的聲明對厭惡國外事物的英國人而言，是具有長遠歷史意義的；它勾起了英國人對於拿破崙自1806年11月到他在1814年的失敗之間，嘗試經由大陸系統(continental system)摧毀英國商業權利的記憶；拿破崙成立大陸系統的目的在於將英國的貨物排除於歐陸市場之外。英國歐洲懷疑論者有個不敢聲張的恐懼，他們害怕當英國離開歐盟之後，歐盟在未來也可能會成立一個類似大陸系統的反英貿易障礙組織。

---

❼　引自Stephen George, *An Awkward Partner. Britain in the European Community*, Oxford University Press, Oxford, 1991, p. 194.

霍姆茲的意見和里德雷(Nicholas Ridley)在1993年《觀察者》(*Spectator*)中的論點「歐盟是德國掌控歐洲的一個工具」，一樣欠缺思考。但是里德雷提出一個強有力的論證：自1986年以來，英國對歐陸國家總共產生了一千零五十億英鎊的貿易赤字；但在同一時期，英國和世界其他區域卻有一百三十億英鎊的貿易盈餘。

在對保守黨大會的演說中，柴契爾夫人也提到經由布魯塞爾立法，強加諸於會員國的許多條例。的確，這些條例有日漸增加的趨勢，而對這些嘗試以立法來凸顯歐體的熱情，有時反而讓歐體顯得有些愚昧。最特別的立法傳奇是指令7-241號，這項指令規範了歐洲巧克力的配方標準，根據這項標準，英國巧克力因內含可可油過低，所以必須更名為「素巧克力」。另一項動物福利條款則要求在運送海星時，必須每八個小時用水濕潤一次；另一項規定，英國的雙層巴士必須為新增的第二個扶手環形梯而改變設計。另外在丹麥特別受歡迎的立法規定，船隻不論大小都必須配置兩百個保險套；而芬蘭則指控執行委員會嘗試規定公私立游泳池水的溫度標準❽。

1996年8月20日的《每日電訊》甚至報導，勞斯萊斯汽車往後將不能在引擎蓋前端，配置其獨有的金屬邊格(grid)。根據執行委員會統計資料顯示，如果汽車引擎蓋前端是圓形的話，一年將可以拯救七百名車禍患者的生命。然而，該公司發言人對外公開保證「勞

---

❽　該期文章的詳細討論，請參閱Sarah Helm, '*Europe's Chocolate Wars*', *Prospect*, March 1996。《每日電訊》(*The Daily Telegraph*)也能提供許多類似例子，特別是在1996年8月30日的社論中，以極端歐洲懷疑論者的語調建議：「修改英國國會法律，詳細條列不會影響到其他國家權利的政策，如：健康、移民、稅收、和工業關係，並且確認英國國會在這些政策上的絕對權力，任何歐盟的『指令』僅需視為建議。」

斯萊斯公司一直遵守規定」，不認為如果遵守審議中的〈對行人友善的汽車運輸法案〉，會對該公司造成太多的困擾。在各種不同產品的過程中，從幼兒玩具、化妝品、醫藥、契約到產品標籤和食物衛生標準，歐盟扮演最明顯的角色，是立法保障消費者權益以及制訂安全標準。

然而，布魯塞爾採行干預政策的目的，並不在於建立一個以社會主義為基礎的計畫性經濟制度；實際上，歐盟的措施通常有減低會員國在各國經濟的決定權力。例如，1993年6月，執行委員會成功的要求歐洲主要的國營企業，包括法國雷諾汽車和英國航太公司，歸還它們自法國和英國政府所得到的財政補助❾。這和〈羅馬條約〉第85和86條的基本原則是相符合的。這兩條要求歐體會員國之間不得補助相互競爭的工業，以使會員國得以公平競爭；而沒有任何會員國可以藉由補助或是特別稅制優惠，使本國工業比其他會員國的工業更具競爭力。

社會主義制度的經濟理論認為：國家對威爾森所謂的「經濟中最重要的部門」有控制權是正當的。這使國家不但可援助其認為對整體經濟發展有特別影響的工業，同時在必要時，也可加以直接投資。如法國1981年的社會主義政府，將主要的三十九家銀行和金融公司收歸國有，從此投資政策便直接受法國政府的控制。但是1990年代之後的社會主義政府，則逐漸賦予中央銀行獨立決定利率的權力，很難想像，社會主義政府竟追隨讓中央銀行獨立的潮流❿。

---

❾　關於此議題的詳細討論參閱Clive H. Church and David Phinnemore, *European Union and the European Community. A Handbook and Commentary on the Post-Maastricht Treaties*, Harvester Wheatsheaf, London, 1994, p. 143。

　　相對來說，正如同歐盟的前身歐洲經濟共同體，歐盟經濟原則在於相信自由和公開的市場競爭，將促進一個有效率的經濟系統；而國家扮演的主要角色，只限於確保所有參與者均遵守遊戲規則。雖然，國家可以幫助在地理位置或結構上較落後的地區，然而這和國家直接補助個別公司，或是以稅收直接收購、支持該公司的政策完全不同。事實上，也無證據支持社會主義經由布魯塞爾的後門溜進來的指控；歐盟多數的立法及干預的目的，均在保障消費者和勞工階級的合法權益。如1999年1月1日歐洲單一貨幣成立並按期施行，歐盟和世界最主要的資本主義國家——美國就有另一個相似之處：歐洲將有一個獨立且不受政府干涉的歐洲中央銀行(European Central Bank)。正如同美國聯邦儲備銀行(Federal Reserve Bank)的主席不需要遵照美國總統的指示，歐洲中央銀行將由十二位銀行家組成的委員會負責歐洲單一貨幣的運作；委員會委員如果認為合適的話，每一位均有同等權力採取會員國政府不必然認可的政策。如果這就是所謂的讓社會主義溜進歐盟，那麼歐盟似乎有個相當有趣的社會主義模式。

　　〈社會條款〉的目的在於提供所有勞工自由移動、兩性平等待遇、增加職業訓練的機會、改善工作環境、工作環境的安全維護、集體結社及集體談判、保障老年和殘障者、增加對勞工的諮詢和對青少年及兒童保護的權益。從這一點看來，歐盟的政策的確是具干預性的，因為它認為工作環境及工資條件不僅要顧慮市場因素，還必須注意其他因素。相對於法國和德國均有最低工資的限制，〈社會條款〉則沒有最低工資的規定。單一市場是依據嚴格的資本主義

---

❿　例如英國工黨政府於當選之後，就賦予英國央行根據英國經濟情況，不受政治干預，獨立決定利率的權力。

路線，讓各國政府自行決定如何保障勞工以及股市投資人的利益 ❶。

　　除了各國政府對地區進行投資的金額之外，歐盟運用區域發展基金(European Regional Development Fund)對會員國內較為落後的區域進行投資以促進區域發展。共同農業政策吸收歐盟一半以上的預算，緊接在共同農業政策之後是區域委員會(Committee of the Regions)，為歐盟第二大的預算支出，佔總預算的31.5％。但是區域預算僅佔歐盟十五個會員國全部國民生產總額的0.03％，就這一點看來，預算額度並不是很多。而從歐盟的預算和歐盟會員國全部的生產總額相比較，很難說歐盟這個組織是財政巨獸。但一般人經常會有一個經驗，當他們在愛爾蘭、希臘、或是英國、法國、義大利比較落後地區旅遊時，常會發現一些由歐洲區域發展基金補助的計畫及建設。

　　歐洲共同體也嘗試在運輸、能源及外交政策上達成一個和農業

---

❶　〈社會條款〉關心的項目包括：自由移動、雇用和報酬、提升生活和工作環境條件、社會保護、自由結社以及集體協議、在職進修、兩性平等待遇、勞動者的參與諮商和訊息、工作環境的安全以及健康維護、保護兒童以及青少年、老年人的權利、及殘障人士的權利。

必須仔細區分〈社會條款〉及〈社會憲章〉。〈社會憲章〉是歐洲會議(Council of Europe)的產物。歐洲會議和歐洲聯盟截然不同。雖然〈社會條款〉及〈社會憲章〉均有相似的目標，兩者均希望促進勞動者的地位以及工作條件，但是〈社會憲章〉並沒有任何法定的約束力，而且沒有任何機構可以強制其他國家履行條文。但是根據1991年12月簽訂的〈馬斯垂克條約〉規定，除了英國拒絕參與之外，〈社會條款〉在其他十四個歐盟會員國均有法律效力。所以任何組織均可針對任何不履行該條款的國家，除英國外，向歐洲法院提出告訴。

政策相同的政策，這些一直是歐盟長期計畫的一環。歐洲共同交通政策中最受到英國人注目的就是交通流速監視器，用來登記貨車行駛距離以及時間的儀器。另一項是制訂車軸的重量，英國貨車駕駛認為規定的重量高過於他們認為合理的標準。會員國之間的道路政策各不相同：英國和德國的高速公路免收費，而法國、義大利則要求駕駛者支付高速公路過路費，但法國對國有火車的補助費用則高過於英國火車運輸公司。

三 補助金、爭論和公民投票

支持和反對英國是否加入歐體經濟的爭論勢均力敵。1971年時，英國加入歐體的申請案在英國媒體的辯論方興未艾，《泰晤士報》刊登兩封信，每封信皆由相同人數的重要經濟學者背書。一封信認為從經濟層面分析，加入歐體是符合英國的國家利益；而另外一封則持相反意見。

反對英國加入歐體的論點認為水漲船高，所以戰後歐洲和英國的經濟不管在什麼條件下都會迅速成長。美國在戰後採取兩項攸關戰後歐洲經濟發展的政策：1947年的馬歇爾經濟援助計畫和美國決定採行密集的重新武裝政策。第一項政策保證歐洲可從富裕的北美洲得到經濟、財政援助；而第二項政策則在美國經濟中注射了適當的加強劑，使美國免於重蹈1930年代經濟大蕭條時的覆轍。冷戰期間，由於面臨蘇聯的強大軍事壓力，德國和法國得以盡棄前嫌，捐棄彼此的成見。過去三十年間的關稅調低措施，和歐洲經濟共同體的成立是有相當的關係；當然這些事情可能無論如何都會發生，並對整個國際經濟有所幫助。

認為無論歐洲經濟共同體是否存在，皆會發生由1951年〈巴黎條約〉和1957年〈羅馬條約〉所刺激的經濟成長的另類言論並不十分普遍。比較常提及的論點是：國際財政合作已經有了大家均接受的共同規範，所以並不需要一個類似歐盟的行政組織架構來刺激國際間的財政合作。提出這項建議的英國歐洲懷疑論者同時認為：英國加入歐盟的財政成本已過高，但如果參與歐洲單一貨幣則會付出更高的代價。

在退休年金這個議題上，財政支出的問題就更為明顯。英國的歐洲懷疑論者特別強調，由於英國和其他會員國籌措退休年金資金的方式有基本上的差異，英國勞工傾向於參加公司的退休年金計畫，這計畫籌措了六千億英鎊的退休年金，這是歐陸所沒有的。歐陸則是由國家負責退休年金計畫的資金籌措和分發，而通常會有資金嚴重不足的現象，結果是國家必須負擔每位加入退休年金計畫的勞工二萬六千英鎊的赤字，但英國政府只需負擔一千多英鎊的赤字。單一貨幣不可缺乏的條件是每個參與國家將外匯儲存合資，使所有國家的負債一致。英國的歐洲懷疑論者則認為，如果英國參與單一貨幣，則英國的每一位成人男女，以及小孩，均需負擔二萬英鎊，以支持歐洲其他各地施行的退休年金制度。

這些數據引自金匠爵士出資的《新聞》，所以對這些數據必須持保留的態度。1980年代初期關於英國應該提供多少歐洲共同體預算補助金的爭議，可以算是這些退休年金爭論的前兆。英國首相柴契爾夫人強烈主張，如果以各國生產總額(GDP)衡量，英國提供補助金的比例過高。

換句話說，柴契爾夫人認為，因為英國比法國和德國貧困，所以英國應該提供較少的補助金。然而由於其他會員國提供的補助金

都是以同樣的原則計算，所以柴契爾夫人的論點自然容易招受批評。補助金的比例是根據各國加值稅的收入，和會員國對自第三國進口的農產品及工業產品所徵收的共同對外關稅。但其他會員國則認為，英國之所以負擔較高比例補助金的理由很單純，從加入共同體以來，英國持續自「第三國」，諸如澳大利亞、紐西蘭和加拿大進口農產品，始終不配合共同體優惠的一般原則。他們認為，如果英國遵行共同體優惠的原則，多從法國進口蘋果和小麥，自荷蘭進口燻肉和乳酪，這個問題就不會發生。柴契爾夫人不同意這一理由，最後英國仍以在歐洲殘餘的聲望，成功地得到所想要的政策修正。

根據新方案，歐體定期歸還英國付給歐體的加值稅部分補助金，這些退款將補償英國負擔較高的農業稅收部分，退款總額約為十三億五千萬歐洲貨幣單位(European Currency Units)，大約折合十億英鎊。新的方案是一個顧全雙方體面的妥協，凸顯了歐體自1957年簽署〈羅馬條約〉以來，從西德所得到的經濟利益，因為雖然在簽定當時，西德第三帝國已經崩潰了十三年，但是西德仍背負著道德上的枷鎖。根據1993年的數據顯示，德國對歐體的捐款淨值達九十二億一千萬英鎊，英國為二十四億三千三百萬英鎊，而法國則為七億九千四百萬英鎊 ❶❷。

密特朗總統是推動解決英國捐款方案的主要人物，在1996年，吉布生(Robert Gibson)詮釋他對法文「心結」(la mésentente cordiale)

---

❶❷　參見Timothy Bainbridge and Anthony Teasdale, *The Penguin Companion to the European Union*, Penguin, London, 1996, p. 83. 索引Contributions and Receipts條。由於法國很少自「第三國」進口農產品，所以法國提供的補助金非常少。

一詞的理解，這一詞成為吉布生著作品《最好的敵人：英、法自征服諾曼以來的關係》(*The Best of Enemies. Anglo-French Relations since the Norman Conquest*)的主要軸心。「心結」一詞凸顯了英、法之間的敵對和競爭，源於英、法兩國在許多方面如此相似的事實。英、法兩國均不支持將主權國家的權力逐漸交付給國際機構的構想，也不願意未來的歐洲建築在這樣的理念上。戴高樂在1958年到1969年之間將這一立場表達得十分清楚。當1958年歐洲經濟共同體成立時，法國接受多數決的表決方式，是因為法國當時無力抗爭，而想要盡快的以「主權國家組成的歐洲」(l'Europe des Patries)替代多數決。英國也有類似的態度，而兩個國家都沒有達成目標的原因，並不是因為它們沒有考慮過這個方案。

在英國的歐洲懷疑論者是跨黨派的，只有最單純的自由民主黨採取完全支持的態度。當奚斯在1974年的大選中失敗後，接替奚斯的威爾森工黨政府對於英國加入歐體一事，並不像奚斯那樣熱中。威爾森政府堅持必須重新談判英國加入歐體的條件和細節，而於1975年6月5日舉行公民投票，以決定英國是否繼續留在歐洲共同市場。雖然67％的選票表示贊同，但事實上只有36％的選民參與投票；而在1977年，物價因為共同農業政策的施行而飛漲，在引發25％的通貨膨脹率之後，實際上的支持比率可能更少。

一直到1980年代末期，工黨才開始支持歐盟，1980年復特(Michael Foot)當選工黨黨魁，代表工黨路線逐漸偏左；而工黨在1982年要求英國退出歐洲共同體，反對歐洲共同體成為工黨正式的政策宣告。在1983年大選中，工黨提出的政策包括退出北約，以及單方面核武裁軍，但是工黨於該年大選中失敗。1987年大選，工黨對於歐體的態度則明顯的模稜兩可。

　　1989年歐洲議會選舉，工黨態度轉而支持英國加入歐體；不同於保守黨，工黨要求完全施行〈社會條款〉。這種態度的轉變也許有助於工黨贏得1989年的歐洲議會選舉，使社會主義政黨成為歐洲議會的絕對多數政黨。從金諾克(Neil Kinnock)的政治生涯可以明顯觀察到工黨關於歐盟政策的轉變。金諾克目前為英國兩位駐歐盟的執行委員之一，執掌交通政策；金諾克自1970年起，當選貝德衛緹(Bedwelty)地區的國會議員，1979年起擔任工黨全國執行會(National Executive)的委員，而在1983-1992年擔任工黨黨魁。金諾克個人的歷史反映了他個人對歐洲態度的轉變，同時也反映了布萊爾(Tony Blair)的工黨比梅傑(John Major)的保守黨更支持歐洲的立場。

　　隨著1989年11月9日柏林圍牆倒塌，蘇聯帝國隨之於1990年初期瓦解，許多以前在文化和歷史上與歐洲有密切關係的國家紛紛申請加入歐盟，這些國家包括波蘭、匈牙利、捷克共和國、斯洛伐克共和國以及羅馬尼亞、保加利亞、拉脫維亞和愛沙尼亞。如果一個俱樂部的成功端賴於申請者人數的多寡，就這一點來說，歐盟確實是世界政治史上最成功的組織。然而這也顯示出歐盟仍面臨其他問題，特別是歐洲單一貨幣推行之後可能對歐盟經濟帶來的衝擊，以及隨之而來的政治問題。在接受其他新會員加入之前，歐盟必須先解決歐洲單一貨幣問題，下一章和結論的討論重心將專注於單一貨幣的議題。

第五章　貨幣和權力

一　貨幣、財稅和蛇

〈羅馬條約〉並未提及經濟和貨幣統一，也未曾提及單一貨幣的建立，這些是歐體日後發展時逐漸推行的政策。1991年11月在馬斯垂克舉行歐洲部長理事會，將1999年1月1日定為歐元的正式施行日期。美國很明顯的有一個貨幣聯盟，在美國境內，不論是從緬因州、密西根州到密蘇里州，美金均具備同樣的票面價值；沒有任何法令限制從紐約市來的商人，在新墨西哥州或是紐奧爾良投資。如果1951年來逐漸開展的歐洲統合，能成功的創立歐洲單一貨幣，那麼歐洲和美國就有另外一個相同點。

自1987年〈單一歐洲條款〉生效後，歐洲內部就沒有任何法令限制資金在十五個會員國之間自由的流動。比利時人可以購買希臘德拉赫、愛爾蘭人購買荷蘭荷盾、法國人購買西班牙匹索、或英國人購買德國馬克，都不需要知會該國政府，或者是徵詢該國中央銀行的許可。兌換貨幣時，銀行自然會對客戶索取手續費，就像目前遊客自歐盟這國到另外一國時，必須付銀行手續費以兌換外幣。一位英國記者急切的以一個例子說明歐洲單一貨幣的優點，如果一位旅客自倫敦攜帶一千英鎊出發，在所有會員國兌換等值的當地貨幣，最後回到倫敦時，身上僅剩下三百三十英鎊，除了兌換外幣時支付銀行手續費外，他並未在其他項目、物品或服務上花費任何金錢。這個比喻並不能完全顯示出歐洲單一貨幣支持者及反對者之間針鋒相對的言論。康納里指出，這個軼聞源自於目前在布魯塞爾代表英國出任歐盟執行委員會委員的布烈頓(Leon Brittan)以及自1977年到1981年擔任執行委員會主席的堅金斯(Roy Jenkins)的談話，康

納里並且認為，周遊歐洲各國必須兌換外幣，是一件很不尋常的事情❶。

支持者雖然對於推出單一貨幣的遲緩感到不耐煩，但是如果他們知道，美國國會直到1913年才正式建立一個聯邦儲備系統，來保證和穩定當時十餘種流通貨幣的價值，也許會稍感安慰。歐洲單一貨幣支持者也注意到十九世紀時期的美國經濟發展，就是因為缺乏一個單一貨幣而受到嚴重阻礙❷。

法國和西德在1972年提議建立「管中之蛇」(snake in the tunnel) 的制度以維持歐洲財政和貨幣的穩定。「管中之蛇」的意象描述歐體所有會員國貨幣以一個整體維持和美金匯率的關係，就像一條蛇在地底隧道中或上或下的移動。歐體作為一個群體就像這條蛇，其對美金的關係就像蛇或上或下的移動，各國之間的匯率允許變動，但各國之間匯率的變動範圍絕對不超過這條蛇的皮膚之外。

由於兩件發生在歐洲以外地區的事件造成世界經濟的危機，歐洲經濟共同體為了防範會員國之間貨幣的兌換率變動過大，並且嘗試穩定歐洲貨幣和美金的匯率，於是決定採行「管中之蛇」的制

---

❶ 參見*The Rotten Heart of Europe*, Faber and Faber, London, 1995, footnote to p. 58, 康納里寫道：

沒有人會不使用信用卡或是現金卡，而如此愚昧做類似的傻事，並會聽信布烈頓或堅金斯關於歐洲單一貨幣及歐洲貨幣聯盟的意見；肯定沒有人會如此做的。即使由銀行家因為兌換貨幣而對這位莫須有先生所加諸的痛苦，也不如單一貨幣施行後所帶來的痛苦更多。單一貨幣施行後會造成：不穩定的通貨膨脹、週期性失業率的變動以及生產力、就業率和收入持續性降低。

❷ 參見Christopher Johnson, *In With the Euro, Out With the Pound. The Single Currency for Britain*, Penguin, London, 1996, pp. 22–24.

度。第一件是美國尼克森總統於1971年8月10日宣布美國不再保證美金作為世界儲備貨幣的兌換率。第二件是石油輸出國家組織(OPEC)在1973年10月決定提升原油價格四倍。此次石油價格的劇烈升高，使兩年前因美元貶值後，而對歐體造成的通貨膨脹壓力和國際財政的不穩定性更加嚴重；所以在歐洲建立一個穩定的財政貨幣區就成為一個理所當然的選擇。

美國政府拒絕增稅，而是以大量發行通貨來資助越戰，導致尼克森總統於1971年決定終止保證美金作為國際儲備貨幣的價值。而油價升高，部分原因是產油國家意圖逼迫美國和西歐終止對以色列的援助，讓埃及和敘利亞得以實現摧毀以色列的目的。如果穩定歐洲經濟共同體會員國的貨幣，可以視為營造「歐洲堡壘」一部分的手段，這方法在當初看來並不是不合理的。在1991年1月，許多人對〈馬斯垂克條約〉決定推行歐洲單一貨幣保持懷疑和保留態度，大部分原因來自於1991年1月1日時，並沒有立即和明顯的威脅，需要共同體立刻做大規模的改變。

1972年，參與「管中之蛇」制度的國家貨幣匯率，被允許的變動範圍十分狹隘，匯率變動必須維持在平均線2.5％的上下範圍之內。當法國和西德在1978年首先提議創造歐洲貨幣系統(European Monetary System, EMS)時，2.5％的上下限仍然為該制度的標準。當歐洲貨幣制度於1979年3月成立時，英國拒絕參與，以避免使英鎊和其他歐體貨幣的命運相結合。

屬於歐洲貨幣制度的國家，有責任不讓其貨幣貶值或升值超過中間值的一定範圍比例。中間值的價值和其他國際貨幣，例如日圓、瑞士法郎、澳幣或是美金的兌換率可以維持變動。譬如當德國馬克成為強勢貨幣，其他貨幣則必須維持和德國馬克的匯率關係。

而當德國馬克升值時，歐洲貨幣單位(European Currency Unit, ECU)中間值升高幅度，會遠大過於歐洲貨幣單位因為希臘德拉赫或愛爾蘭鎊成為強勢貨幣時的升值幅度。一國貨幣在歐洲貨幣單位的影響力就是該國經濟在共同體整體經濟中的比重，比重計算的標準係根據該國的國民生產毛額(Gross Natimal Product, GNP)。法國國民生產毛額高過於葡萄牙國民生產毛額，所以法國法郎的比重也高過於葡萄牙愛司庫。因此在決定歐洲貨幣單位和世界其他各國貨幣的兌換率時，各國的影響力和其經濟在歐體的比重相當。由於德國的國內生產毛額(Gross Domestic Product, GDP)總值高過於歐洲經濟共同體其他會員國，所以德國馬克在決定歐洲貨幣單位國際價值擁有最大的決定權力。

歐洲貨幣制度在1993年夏季歷經一場根本變革，即使各國貨幣兌換率在平均線上下15％的範圍之內，仍然可以維持歐洲匯率機制（歐洲貨幣兌換機制，European Exchange Rate Mechanism, ERM）成員身份。這一變革顯示歐洲貨幣制度並不如預期運作的順利。根據以往的制度，歐洲匯率機制的成員如果發現它的貨幣變動幅度可能超過允許範圍之外，則該國有責任阻止該國貨幣變動幅度超過該範圍之外。（如果是較狹窄的範圍，允許變動幅度為2.5％，適用於德國以及荷、比、盧三國；而5％的範圍則適用於法國等國）國家保護本國貨幣的方式，在於該國中央銀行運用外匯存底購買本國貨幣，提升國際貨幣市場對本國貨幣的需求。

該國政府也可以分別或是同時提高銀行利率，吸引外國人購買該國貨幣的政策；因為購買該國貨幣會有較高的回收率。除了提高公、私人團體借款利率外，該國政府還可以同時減少公共投資金額，以減低通貨膨脹率，使該國貨幣維持穩定，從而吸引投資人的

信心。理論上而言，其他屬於歐洲機制的共同體成員，也必須經由購買問題國的貨幣，以表示對該國的支持。然而，如果一國的貨幣升值過快，則該國必須出售該國貨幣，或是藉由採取大規模的公共建設投資，使本國貨幣匯兌變動回到預定允許的範圍之內。

這項制度容許相當程度的彈性，也就是如果會員國發現現行貨幣匯兌率導致經濟陷入困境，則該國可以要求重新估算本國貨幣和其他貨幣的匯兌率。所以當法國社會主義政府在1981年執政，推行一系列的經濟改革措施，這些措施大幅增加政府開支。歐體的體制並沒有任何條款可以阻止法國改變自法國第五共和成立二十三年以來採行的經濟政策，所以法國參與歐體並沒有減損法國決定本國經濟事務和政策的權利。但是法國社會主義政府採行的改革計畫，包括：減少每週最高工作時數到39小時、增加最低工資、改善社會福利政策、增加公務人員的就業機會，這些措施大幅提昇法國公民的購買能力。

增加購買能力的結果導致對工業生產品需求的增加，而法國本國工業並無法生產足夠的產品滿足法國人民的需求，歐洲經濟共同體會員國和非會員國都極樂意提供其產品來滿足法國需求。進口過多國外產品不可避免會導致法郎過度貶值；法國居民必須間接出售法郎，以購買德國汽車或是日本的電器產品來滿足需求，根據供需定律，因為對法郎的需求減少，法郎必須貶值。

法郎幣值下跌導致法國政府在1981年10月、1982年6月以及1983年3月要求法郎貶值，這些事件在〈大事記〉中已有詳盡的敘述。歐洲匯率機制中法郎貶值，伴隨著德國馬克以及荷蘭荷盾的升值，這兩國貨幣日漸吸引投資者，顯示德國和荷蘭經濟成功的發展。

　　法國雖然面臨經濟困境，卻仍維持歐洲匯率機制的會員資格，而歐洲匯率機制繼續存在，使法郎這次的貶值不同於前幾次的貶值，尤其不同於法國政府突然在1969年8月10日宣布將法郎貶值6.6％。法國的經濟因為龐畢度在1968年5月27日協議簽訂〈葛林納里協定〉而衰退。該協定增加法國工人約10％的購買能力，增加工人薪資的目的在於勸阻法國工會，另方面工人支持意圖推翻戴高樂政府的激進學生，結果也造成對進口貨物需求急劇增加。

　　雖然這個事件預告了1981年社會主義政府政策可能產生的結果，密特朗的社會主義政府徹底推行社會主義經濟政策，和1968年一樣，密特朗的經濟政策導致法郎幣值下跌。但是密特朗執政時的貶值，和1969年貶值的宣告方式大不相同。在過去固定匯率的時代，政府必須對它將採行的匯率政策保持機密，通常貨幣的兌換率維持穩定，不需要變動。如果該國政府不能保持機密，則其他國家可能會立即拋售，或是收購該國的貨幣，因而減少該國出其不意宣布貶值而獲利的可能性。

　　貨幣貶值時常發生，例如當威爾森在1967年9月，讓英鎊自兌換2.8％美金貶值到僅兌換2.4％美金時，他仍舊保證英鎊將在人民的口袋中維持相同的價值；同時將英鎊貶值的責任歸咎於他暱稱的「蘇黎世的國際金融家」。但是和法郎在1969年的貶值一樣，英鎊這次貶值是單方面決定的結果，事先並未諮商其他國家，最主要目的是要讓其他國家出乎意外。然而相反的，1981年10月、1982年6月和1983年3月，法國政府事先和歐洲匯率機制其他成員諮商，並且獲得同意之後，才決定讓法郎貶值。

二　通貨膨脹、失業和歐洲匯率機制

　　無法預知其他國家可能採取什麼措施，更增加了貨幣兌換率的不穩定性、資訊的不透明和貨幣不穩定性，這正是固定匯率制度所要避免的。當歐洲匯率機制開始施行的時候，所有的變動可說是重新調整。這些變動是歐洲匯率機制成員同意的結果，所以任何單一貨幣匯率的變動，並不至於影響其他國家長期以來對該制度維護貨幣穩定的信心。

　　如果企業家為了擴充廠房而向其他共同體國家訂購物資，匯率的穩定可以幫助企業經營者，確認以本國貨幣支付這些產品的貨款，不會突然比原先價格提高13％。貨幣穩定也可以降低會員國的通貨膨脹率，使其和經濟健全國家的通貨膨脹率接近，這也是當初為何英國一反過去十年拒絕加入歐洲匯率機制的態度，而在1990年12月決定加入歐洲匯率機制的部分原因。英國由於加入歐洲匯率機制，則英鎊的價值就必須和其他會員國的貨幣相結合。

　　就像1979年以來的比利時、丹麥、法國、德國、義大利和愛爾蘭，或是1981年以來的希臘，以及1986年之後的西班牙和葡萄牙一樣，成為歐洲匯率機制的一員，使英國在1990年到1992年的期間，暫時接受歐洲匯率機制對其國家主權所做的限制。甚至在當初金本位或是銀本位的貨幣制度下，鑄造貨幣的貴重金屬價值和貨幣面值相當，國家對偽鈔製造者施加的嚴厲刑罰，顯示國家當局對於貨幣發行獨佔權被侵犯的不滿。只有統治者才有權力發行國家的貨幣。

　　類似以往發行貨幣的權力，在二十世紀，國家控制貨幣的供給，是該國政府得以掌控該國國家經濟的一個重要措施。如果政府

決定提高銀行放款利率，個人和公司向銀行借款的成本就會增加，這會節制消費者以貸款購買貨品，或是公司由銀行貸款購買投資新機器。法國人認為「控制貨幣供給量是國家的特權」，和現代經濟學者認為控制貨幣供給的權力，是現代國家主權一個重要特色的論點極為相近。

英國政府一直到1990年11月，仍然拒絕加入歐洲匯率機制，顯示英國支持戴高樂「由主權國家組成歐洲」的觀念，拒絕其他共同體成員國業已接受，並認為聯邦歐洲觀念是歐洲共同體最終的目的。英國拒絕加入歐洲匯率機制的因素，可以追溯到1951年英國拒絕加入歐洲煤鋼組織；這些決定和英國在1992年9月17日「黑色星期三」之後決定退出歐洲匯率機制的決定，表現了相同的政治姿態。論者指出英國政府退出歐洲匯率機制之後，重新獲得根據本國的意願，決定本國經濟事務的能力，並且滿足了英國經濟的需求。同時英國政府不需要考慮其他國家和英國經濟毫無關係的政策，而調整英鎊匯率。

支持貨幣和經濟統一的經濟學者，傾向於認為英國在1992年9月17日退出歐洲匯率機制的根本原因是，英國政府過於高估了英鎊價值，而不是因為歐洲匯率機制制度本身的缺陷。他們指出當時英國通貨膨脹率超過7％，而共同體會員國平均通貨膨脹率則為5.5％的情況下，以一英鎊兌換二點九三馬克的兌換率，是不切實際的。他們認為貨幣兌換率不是控制通貨膨脹率的手段，而是反映國家經濟實力的指標；但是當初英國於1990年11月加入歐洲匯率機制的部分原因，就是要以貨幣匯率來控制英國的通貨膨脹率。一個國家通貨膨脹率如果高過於鄰國，而且經濟表現較弱，則不能期望將該國貨幣和較有效率競爭對手的貨幣維持相近的兌換率。該國貨幣不可

避免會貶值，理由很簡單，因為該國貨幣一年之後的實際價值，將低於通貨膨脹率較低國家貨幣的價值，所以持有該國貨幣的人會出售該國貨幣，兌換為其他強勢貨幣 ❸。

　　這些評論者繼續強調，如果英鎊和馬克維持在一英鎊兌換二點四馬克，而且歐洲一般政治情勢更加穩定，則英國仍可能繼續維持歐洲匯率機制的會員身份。但是就像1970年代初期，英國本身的經濟問題是一連串英國之外事務的產物。雖然這些事件和英國沒有任何關係，但是由於英國成為歐體和歐洲匯率機制的一員，這些事件對英國經濟的負面影響逐漸不可避免。

　　其中最重要的是德國的統一。1989年11月9日柏林圍牆倒塌，加速刺激德國統一的步調；自1945年以來分裂的德國，終於在1990年10月3日再度成為一個統一的國家。但是統一之後，原先擔任歐洲經濟成就推手的西德，現在逐漸專注在整頓及提升前東德的經濟水準，使之能和西方並駕齊驅。就1920年代過度通貨膨脹的經驗，1923年的馬克僅有1913年馬克十兆分之一的價值，所以德國人特別警覺如果貨幣供給失控，可能會對德國經濟造成的傷害。畢竟，1920年代德國的通貨膨脹和其他因素，為希特勒執政創造一個有利的環境。西德政府因而不希望冒著通貨膨脹的威脅，大量發行通貨、擴大對東德經濟的投資，以使一千三百萬東德人民生活水準能和西德人民並駕齊驅。因此德國政府反而將利率提高，讓德國馬克

---

❸　這個問題在Paul Templeton所著的*The European Currency Crisis*, Probus Publishing Company, Cambridge and Chicago, Illinois, 1993. 有詳細的討論。請特別參閱英格蘭銀行總裁李－潘伯頓(Robin Leigh-Pemberton)的文章，要參考完全不同的意見，請閱讀Bernard Connolly, *The Rotten Heart of Europe*, Faber and Faber, London, 1995。

更能夠吸引海外投資者，馬克隨之升值，而降低英鎊和馬克的兌換率。

　　1992年時，〈馬斯垂克條約〉的批准與否仍有高度的政治不確定性。1992年6月2日，丹麥公民投票以50.7％對49.3％否決〈馬斯垂克條約〉，因而引發了一波貨幣投機行為。根據天普頓(Paul Templeton)編輯的《歐洲貨幣危機》(*The European Currency Crisis*, 1993)書中所收錄〈西班牙央行的官方態度〉(*The Official View of the Bank of Spain*)一文，作者指出：「幾乎所有歐洲匯率機制會員國的貨幣對德國馬克均貶值」。在1993年8月2日，歐盟允許西班牙貨幣可以在中間值的15％範圍之內浮動之前，西班牙貨幣在1992年9月16日被迫貶值5％，而在1993年5月13日再度貶值8％ ❹。在1993年5月18日，丹麥舉行第二次公民投票，這次同意批准〈馬斯垂克條約〉佔總投票率58％。鑑於丹麥舉行第二次投票，歐洲懷疑論者便譏諷歐盟對於民主程序缺乏信心，如果民主程序投票結果不符歐盟的期望，就必須一再表決，直到投票結果符合歐盟想要得到的結果。

　　在丹麥第一次公民表決結果揭曉前，〈馬斯垂克條約〉的不確定性已經對歐盟造成嚴重的傷害；而在1992年的夏、秋兩季，一般對於歐盟政治前途的不確定性，也因為法國將於9月20日舉行公民投票，決定是否通過〈馬斯垂克條約〉而更顯陰霾。法國民意調查顯示出公投結果並不確定；當最後表決結果揭曉，批准〈馬斯垂克條約〉僅獲得總投票率51％的支持，這一差距顯示自1951年開始的歐洲整合，到1958年〈羅馬條約〉官方序言中揭示的「更親近的聯盟」這一目標的困難重重。

　　英國歐洲懷疑論者對〈馬斯垂克條約〉的保留態度，認為英國

---

❹　前引Templeton, op. cit., pp. 10 and 222.

加入歐洲貨幣兌換機制是一項錯誤的決定；而且英國經濟自1992年
9月退出該機制之後的表現，和其餘仍為歐洲貨幣兌換機制會員的
歐陸國家相比較，英國的表現極為出色。英國的失業率下跌至
7.6％，而根據1997年初的統計，法國的失業率超過10％，義大利
12.2％，甚至歐洲的經濟動力——德國，失業總人數在1997年3月時
已經達到四百五十萬人，這是德國自1920年代以來，失業人數最多
的紀錄。

　　政治評論家對於德國高失業人數的原因有不同解釋，而這些解
釋與評論者對於1999年1月1日施行歐洲單一貨幣的態度有密切關
係。偏好歐洲單一貨幣的評論者較強調目前德國面臨的困境，是如
何將前東德的經濟水準，提升到和西德一樣富裕。支持單一貨幣的
評論家認為，一旦東德經濟穩定之後，推行計畫中的單一貨幣，就
會比較容易。

　　反對〈馬斯垂克條約〉的政治評論家則指出，為了推行單一貨
幣，〈馬斯垂克條約〉為各國設定的許多經濟標準，就像是替各國
經濟加上層層枷鎖，反而嚴重影響各國經濟表現，使各國陷入經濟
衰退。以德國為例，德國政府為使本國經濟表現符合〈馬斯垂克條
約〉設定的通貨膨脹標準，不得不提高銀行利率來避免因為兩德統
一而產生的通貨膨脹效應。這些評論者進一步指出，在可見的未
來，為了使本國經濟指數符合〈馬斯垂克條約〉訂立的標準，德國
尚無能力解決因為統一而產生的經濟問題。

　　在歐盟會員國中，也許除了丹麥之外，英國質疑歐洲單一貨幣
的聲浪最為普遍，但是法國及德國的民眾對於單一貨幣的推行也不
甚熱中。法國人民認為法國失業率高居不下的原因，在於政府為了
符合參與單一貨幣的標準，拒絕放棄強勢法郎政策，而不願意採行

振興經濟措施。而德國人也不願意放棄強勢的馬克，而改採比較弱
勢的貨幣。自1950年代以來，強勢德國馬克的最大好處是，讓德國
人民在歐洲或是世界其他地區能夠享受便宜的假期。這並不是一般
德國人願意放棄的好處。

　　然而對於單一貨幣的批評、質疑和敵意在英國比較明顯直接。
反對歐洲單一貨幣的歐洲懷疑論者甚至認為：1992年9月12日並非
所謂的「黑色星期三」，而是「幸運星期三」，因為英國於該日宣布
退出歐洲貨幣兌換機制。歐洲懷疑論者指出，由於英國退出歐洲貨
幣兌換機制的決策，英鎊相對於其他貨幣呈現弱勢；英鎊的弱勢成
為刺激英國出口增加，經濟成長率的重要因素。英國經濟成長率遠
超過於它三個主要歐陸的競爭對手——法國、義大利和德國。但是
支持歐洲貨幣兌換機制的論者則指出，英國退出歐洲貨幣兌換機制
之後的經濟表現只是曇花一現，不久之後英國經濟就會像以前一樣
面臨通貨膨脹，以及貨幣貶值等宿疾而造成嚴重經濟衰退。針對這
些批評，歐洲懷疑論者則指出，經濟學家對各國經濟發展趨勢的預
測錯誤百出；同時認為自1992年以來，英國經濟的成長證明了各國
政府如果能不受外力干預，自行決定經濟事務，而且不需顧及其他
國家的利益，就會在經濟決策及表現上享有優勢。

三　舒曼、修西提底斯和樂天派先生

　　歐洲貨幣兌換機制在1992年和1993年一開始就遭遇到許多問
題，並未替預計在1999年1月1日推行的歐洲單一貨幣提供有利的情
勢。然而自1951年以來歐洲整合的歷史提供許多例子，證明歐洲統
合在遇到一些重大挫折之後，就會有絕佳的反彈機會。例如當法國

在1954年拒絕加入歐洲防衛共同體，促使在三年之後成立了歐洲經濟共同體；而1970年代的石油危機，反而刺激了許多歐洲國家加入共同體的意願。

　　從過去發生的事件當中還可以得到一些鼓勵，因為1992年12月簽訂的〈馬斯垂克條約〉規定，1999年1月1日為單一貨幣正式施行的日期，並且詳細制定一系列想要加入的國家須具備的條件。〈羅馬條約〉設定了一些詳細而精確的目標，而且仔細規劃整合程度的時間表；根據過去的經驗顯示，要順利達成歐洲整合的目標，必須有明確定義的目標，而不是只有空泛的原則理論。這正是當舒曼在1950年5月9日向傳播媒體宣布歐洲煤鋼組織的構想時，他所指出進行歐洲整合的原則：

> 我們不想在一瞬間達成歐洲的統合，或是一次將歐洲建構完成。我們將以一系列的實際行動來促成歐洲國家之間經驗的分享。

　　阿登諾爾和舒曼在1950年採納的方法，是經由在實際事務上，按部就班逐漸合作，再進一步擴大整合參與國及合作範圍的政策，和1920及30年代的思想家，例如馬達里加的薩爾瓦多(Salvador de Madariaga)、荷西・歐提佳(José Ortega y Gasset)、或寇登霍夫・卡拉吉(Richard Codenhove-Kalergi)、和法國政治家布藍(Aristide Briand)等人所提出的偉大計畫相比較，施行的結果，遠比理想遠大卻缺乏實際條件的輔助計畫，更為成功❺。

---

❺　要研究相關的論點，參見Seven Papcke所著‘*Who Needs European Identity?*’一文，收錄於*The Idea of Europe. Problems of National and Transna-*

　　然而，歐洲懷疑論者卻傾向以比較狹隘的角度評論這一問題。對他們而言，莫內切合實際和按部就班的歐洲統合計畫，實際上和赫魯雪夫在1959年到1961年柏林危機之際採取的「義大利香腸」政策類似。赫魯雪夫的計畫是逐漸削弱西方盟國在西柏林駐軍的權力。他採取的第一個步驟是堅持西方飛機飛行經過西柏林到西德的空中走廊時，飛行高度必須在一萬呎以下；同時要求除非在特定時間，英國和美國部隊不得在高速公路上移動，而且英、美兩國的部隊必須使用特別的收音機頻率。

　　英、美雙方如果對赫魯雪夫任何一條要求讓步，就會逐漸喪失保衛西柏林獨立的立場和權力；而歐洲懷疑論者傾向採用相同的類比，指出布魯塞爾的官僚體制及歐陸政治家的野心，和赫魯雪夫的野心並無二致。歐洲懷疑論者進一步指出，儘管波昂、巴黎或布魯塞爾的提議看似無害，康納里在《歐洲腐敗之心》一書中將這些提議歸結為：

　　　狐狸般狡猾、兇狠的法國高級事務官最後終將主宰這個舞臺。

　　類似的意見也可以從關於德國央行的傳聞一見端倪，傳聞指出德國央行認為：和單一貨幣的前身歐洲貨幣兌換機制一樣，德國在歐洲單一貨幣體制中將有無異議的領導權 ❻。

　　　tional Identity, edited by Brian Nelson and others, Berg Publishers, Oxford, 1992. 要更進一步瞭解歐洲知識上的統合，請見本書結論。

❻　Bernard Connolly, *The Rotten Heart of Europe*, Faber and Faber, London, 1995, pp. 73 and 103.

從康納里的立論風格之中，很難清楚分辨歐洲懷疑論者和歐洲恐懼症者論調的差異。很弔詭的是，如果從文化的角度分析，康納里和其他歐洲懷疑論者提供的論點，與傳統歐洲的政治思想和歷史分析有密切的關係。希臘歷史學家修西提底斯(Thucydides，約西元前460-400)在《伯羅奔尼撒戰史》(*History of the Peloponnesian War*)一書中描述雅典和斯巴達兩城市在西元前431年到404年期間互相爭雄，最後雅典落敗的歷史。歐洲懷疑論者就是根據修西提底斯以追求權力為國家行為動機的理論作為基礎，來解釋歐陸國家嘗試進行歐洲統合的動機。

修西提底斯在《伯羅奔尼撒戰史》第五冊〈米羅對話〉一章中詢問自己一個問題，為何在西元前416年，雅典出兵攻佔中立島國米羅，並且屠殺島上所有男性居民，而將所有婦孺收為奴隸。對話錄中雅典外交代表對米羅代表解釋，為什麼放棄中立，和雅典結盟是米羅的最佳決策。雅典代表指出，雅典身為海權強國，不可能容

戴高樂和法國共黨領袖所羅茲(Maurice Thorez)協議之後，於1945年建立國家行政學院。法國高階層公務人員在國家行政學院受訓，結業後就有資格成為高級事務官。不同於美國、英國的高級公務員，法國事務官通常會涉足政治，而且通常可以獲得相當的成就。例如：季斯卡（1974-1981年法國總統）曾在國家行政學院受訓、1996年當選法國總統的席哈克、法國現任總理祖培(Alain Juppé)以及前任歐洲執行委員會主席(1985-1995)戴洛爾(Jacques Delors)，在他擔任執行委員會主席之前，1981年被密特朗總統任命為社會主義政府中的財政經濟部長。
關於國家行政學院的詳細資料，請參閱Philip Thody and Howard Evans, *Faux Amis and Key Words. A Dictionary Guide to French Language, Culture and Society through Lookalikes and Confusables*, Athlone Press, London, 1985。

忍米羅藉由中立，而違抗、輕視雅典的權力。米羅代表提出抗議，認為米羅的中立並不會對任何國家造成損害，而且認為米羅身為一個自由城市，有自由獨立決定外交政策以及宣告中立的權利，但是雅典代表堅持己見。雅典代表向米羅人指出，雅典的軍事力量是無可比擬的，同時希臘諸神或是斯巴達都不能幫助米羅對抗雅典的軍事優勢。最後雅典代表以下列言語合理化雅典的侵略行為：

> 我們信仰的神祇，我們瞭解的人性，均指出根據自然法，如果人們有能力稱霸主宰，人們就將會稱霸主宰。

　　修西提底斯作為一個歷史家他的原創性在於，企圖發現人類支配行為的法律。這使他在〈米羅對話〉中對西元前五世紀的伯羅奔尼撒戰爭的詮釋，不同於優里庇底斯(Euripides)在《特洛伊女人》(*The Trojan Women*)一書中所做的類比；優里庇底斯提供的是：歷史上的對比以及道德上憤慨的解釋，但是修西提底斯則是詳盡引用歷史，解釋人類行為的動機。修西提底斯認為因為雅典歸屬的政治團體，迫使雅典除了稱霸統治之外別無選擇。由於雅典的統治，刺激被統治的國家要求報復以及反抗的慾望，所以身為統治國的雅典如果放棄權力，就會使自身成為其他國家報復的目標。所以雅典不斷擴充和稱霸的原因，就是因為雅典不自覺的恐懼；而雅典因為恐懼而不自覺採行的殘酷政策，不是任何理智的國家會採納的政策。

　　當然歐盟之內沒有任何一個國家會採行雅典對米羅的侵略性外交政策。1951年〈巴黎條約〉簽訂以來，歐洲整合最大的貢獻，在於有效的使西歐國家認知到彼此之間戰爭的不合理以及非法。英國的歐洲懷疑論者反對單一貨幣有兩個修西提底斯式的論點。首先，

他們認為法、德之間的合作在於各自的政治利益，而刻意尋求主宰歐洲的機會。不論德、法兩國如何以技術性原因，解釋追求單一貨幣的動機，兩國真正的動機是政治上尋求權力的野心。

歐洲懷疑論者上述的見解，和修西提底斯另外一個洞見有密切的關係：修西提底斯認為所有國家權力擴張到一定的程度，要讓他們不以獲得的權力去主宰周邊鄰國的命運是不可能的。也就是說，德國自從統一之後，全國總人口數恢復到1914年到1939年的八千萬。根據修西提底斯提出的國家行為規律，德國將依據其潛在權力，而非意識中的道德判斷決定其政策。

然而從英國的歐洲懷疑論者批評法、德兩國毫無道德、窮凶極惡的政治野心之中，可以發現一些比較正面的看法。雖然修西提底斯假設國家政策的目標在於追求權力，但是國家政策在另一方面也包含了已經實踐而未曾言明的經濟目標，重新改寫克勞塞維茲(Clausewitz)認為「戰爭是政治的延伸」政治至上的論點。就現今的情勢看來，經濟是「政治另外一種形式的延伸」，而我在下章的結論之中推崇的創造財富，也成為國內政治和以歐盟為代表的國際合作的主要目標。

如果單一貨幣順利推行的話，想要參與的國家的財政赤字不得超過國民生產毛額的3％。這項政策可以在英國的〈公債借貸條款〉(*Public Deficit Borrowing Requirement*)發現較為委婉的表示方式。這項政策也運用於私人情況，我將在稍後討論樂天派先生收支情況時做較詳細解釋；如果一個人年收入為三萬英鎊，而他的年度赤字和收入比例為3％，則他每年必須另外再借貸九百英鎊來支付他的所有帳單。一個國家如果想要滿足〈馬斯垂克條約〉訂立的四項門檻標準：財政赤字不得超過國民生產毛額3％、該國的負債不

得超過國民生產毛額的60％、通貨膨脹率不得高過所有歐盟國家平均最低通貨膨脹率（一般而言為3％）的1.5％，同時過去的兩年之中，貨幣匯率變動不得超過歐洲貨幣兌換機制6％的中間值標準。

1996年底，連德國都不符合〈馬斯垂克條約〉的四項門檻標準，而必須採行節衣縮食的預算，使當時財政赤字從3.6％減至3％的標準。比利時的情況更為糟糕，財政赤字為4.5％；西班牙為6.5％；義大利為7.2％；根據報導，法國的財政赤字為5％，而如果法國祖培(Juppé)政府要以減少公共支出的緊縮財政政策，來使法國符合〈馬斯垂克條約〉的標準，法國政府將會面臨來自工會的嚴重抗爭。

愛爾蘭、盧森堡和荷蘭三國的情況最為良好。英國財政赤字為4.6％，而公債高達國內生產毛額的120％，所以如果英國決定加入單一貨幣，就必須付出極大的代價。相對而言，愛爾蘭自1973年加入歐體之後，其經濟表現展現有長足的進步。經濟年成長率為4％，而它每提供給歐體預算一鎊，就可以自歐體收到五鎊的補助。它是少數在1978年歐洲貨幣兌換機制設立時，得以參與正負2.5％匯率變動的國家。雖然它在1995年時的公債為國內生產毛額的84.6％，卻符合〈馬斯垂克條約〉中所設定的其他三項標準，而愛爾蘭人時常表達他們對歐盟成就的推崇，以及歡迎愛爾蘭繼續積極參與歐盟的所有計畫。

樂天派先生對考柏菲(David Copperfield)提出的論點有助於瞭解個人和政府之間的不同，而且也可以幫助我們，由個人理財的角度理解什麼是國家的財政預算赤字。對樂天派先生而言，每位公民經常面臨財務周轉的困難，原因在於：

年收二十鎊，花費十九鎊六，皆大歡喜；年收二十鎊，花費二十鎊六，下場悲慘。

樂天派先生每年負債約為六便士，六便士約是他年收入二十鎊的0.125％，亦即樂天派先生的財政赤字為年收入的0.125％。樂天派先生素來抱持著「不勞而獲」的心態，再去償還他的債務。然而樂天派先生從來不能找到一個願意借給他六便士的人，所以他的經濟情況一直不甚樂觀。

然而，由於政府比一般個人更容易習慣性的產生高比例的財政赤字，一個國家如果其財政赤字比率和樂天派先生的赤字相當的話，這個國家加入歐洲貨幣兌換機制或是單一貨幣，將可以成為所有參與國的典範。而樂天派先生如果是一個想要參與單一貨幣的國家，那麼他所提到的悲慘世界以及皆大歡喜的分界就不是六便士，而是十二先令或二十四個六便士。如果他在1997年還活著，就會發現以前世俗的六便士已經被現今粗俗的二點五便士所取代。

如果現今一個比較幸運的人年收入為十萬英鎊，但是必須負擔三萬英鎊的貸款，他的負債比例就等同一個國家的負債為國內生產毛額的60％。當然如果這個人住在一個鄉居均極為節省的社區，他就不需要比前一年再多花費三千英鎊。

〈馬斯垂克條約〉設定的參與單一貨幣的門檻條件指出，一個國家必須根據目前的收入，衡量財政支出；雖然柴契爾夫人在許多方面並非歐洲單一貨幣的支持者，但是她所指出的「量入為出」的謹慎持家觀念，和上述觀念相契合。政府經濟施政的首要之務在於控制通貨膨脹率在5％以內，似乎是不言自明的。不需要參加歐洲貨幣兌換機制或是歐洲單一貨幣，一個有效率的政府就能夠獨力達

到此一目標。不論這個國家是否想要加入歐洲單一貨幣，從貨幣主
義者反對通貨膨脹的角度觀察，〈馬斯垂克條約〉制訂的門檻條件
本身就是一個值得追求的目標。

　　所以如果英國政府在過去三十年內，可以遵守〈馬斯垂克條
約〉的門檻標準，英國公民就不會經驗到英鎊和德國馬克的匯率，
自1965年的一英鎊兌換十一點二馬克，跌到1995年時一英鎊兌換二
點三一馬克的現象。記者瓦沃(Auberon Waugh)曾經半開玩笑的指
出，如果英國加入歐洲單一貨幣，德國銀行家將主宰英國的經濟政
策；但是如果他們有辦法像以前維護德國馬克的購買能力，一樣的
維持我們手中貨幣的購買力，瓦沃認為他會寧可將經濟事務決定權
交付給這些德國銀行家，而不願意交給他選出來的西敏寺議員們，
因為他們過去三十年來維護英鎊價值的紀錄不值得信賴。

　　他的評論指出，支持或反對加入單一貨幣的論點，不僅有政治
以及經濟上的原因，而且也因為其他因素而更為複雜。其中一個原
因和西雷(Denis Healey)提到的一般性問題有關，西雷問到，是不是
所有人都願意接受貨幣主義者為了降低通貨膨脹而採行幾近虐待的
貨幣緊縮政策。低通貨膨脹率並不等於經濟富裕。1918年到1939年
之間的經濟表現是這一世紀最糟的年代，但是英國的通貨膨脹率等
於零，英鎊的國際價值在該時期之間並無增減。長時期的低通貨膨
脹率，通常伴隨著高失業率，而法國和德國兩國高失業率，和兩國
政府為了通過〈馬斯垂克條約〉關於通貨膨脹率以及財政赤字的門
檻，而採取的緊縮政策之間的關係並不是純然的巧合。也許凱因斯
的主張是正確的，如果我們要一個合理的低失業率，就必須承擔高
通貨膨脹率的風險。

　　國家決定使其國民經歷高失業率或高通貨膨脹率是具有政治意

圖的。從社會主義的角度而言，〈馬斯垂克條約〉設定的門檻條件隱含的政治意味，是銀行家堅決要讓勞動階級一直在失業的陰影下戰戰兢兢。從許多角度觀察，單一貨幣都是銀行家的議程，如果政府決定參與單一貨幣，則考量的主要動機是政治因素，而非經濟原因。雖然政府加入歐洲單一貨幣的政治決定，可以以經濟理由合理化：只有堅決的控制通貨膨脹，才有辦法維持長期的經濟繁榮。但是社會主義者可能會反駁，如同凱因斯所指出的，也許等到我們這一代都去世了，仍然沒有人能夠確實知道各國為了參與單一貨幣、對抗通貨膨脹，而採行緊縮政策的適應期會多久。

　　歐盟官方出版社出版的一本小冊子《為了一個社會歐洲》(For a Social Europe)中指出，日本花費在健康和社會福利僅佔國民生產毛額12％，美國15％，而歐盟十五個會員國則為22％。該冊子提出這些數據的目的並不是為了合理化〈馬斯垂克條約〉門檻要求減低公共開支，以加強歐盟在世界市場上的競爭力。但是歐洲單一貨幣主要目的就是為了加強歐洲貨幣的競爭力和穩定性，而該冊子潛在目的旨在鼓勵成立歐洲單一貨幣。

　　批評〈馬斯垂克條約〉門檻為資本家的精心設計主要來自左翼政黨，但是英國右翼政黨對於〈馬斯垂克條約〉門檻以及「經濟暨貨幣聯盟」的批評，和左翼政黨一樣不遺餘力。英國右翼政黨特別反對英國放棄英鎊，採用歐洲單一貨幣。當歐洲懷疑論者以強硬派態度詮釋〈馬斯垂克條約〉時，他們認為「經濟暨貨幣聯盟」代表的不僅是各國貨幣：奧地利的先令、比利時法郎、英鎊、丹麥和瑞典克朗、荷蘭荷盾、芬蘭馬克、法國法郎、德國馬克、希臘德拉赫、葡萄牙愛司庫、和西班牙匹索的消失，而由歐元取而代之，同時「經濟暨貨幣聯盟」也暗示會員國之間稅率的一致化。

如果「經濟暨貨幣聯盟」真正名副其實，而歐洲懷疑論者認為和美國的對比成立，則歐盟十五個會員國的公民，都必須負擔相同稅率的直接稅以及間接稅，與相同的社會安全捐，並且接受相同的社會福利。從經濟的角度而言，各國公民已經喪失作為本國公民的權利與義務。他們僅是一個巨大集團的成員，選票、工會、職業團體或是利益團體，對這集團的決定完全沒有任何影響力。由於參與歐洲單一貨幣之前，各國必須將本國的外匯存底全部交付給歐洲中央銀行，所以參與單一貨幣的國家實際上並沒有控制本國財產的權力。

歐洲懷疑論者論點的基礎在於，推行單一貨幣不可避免的會造成各國財稅體制大規模的變動。他們特別指出，加入單一貨幣的國家，如果對該國設立的公司課徵較低的營業稅，則該國和其他高稅率國家相比較，將更能吸引國外公司前往投資。在低稅率國家設立的公司，可以接受降低營業利率，所以可以以較便宜的成本和其對手在市場上競爭。同時，該公司可以以較高薪資吸引優秀、具生產效率的專業人員，而藉此延長其在市場佔有率的領先地位。如果該公司設立的國家地區，同時也對該國公民課徵較低的所得稅，則該國較容易吸引其他國家優秀的勞動力前往該國工作。同時該國公民因為低稅率的緣故，所以有較多的金錢進行投資。而且他們投資的對象會針對設立在該國較有效率、獲利率高的公司，如果這些公司投資大量資源於研究與開發，則將增加該公司的競爭力及生產效率。

歐洲懷疑論者指出，如果要避免競爭力差距產生，並且保障〈羅馬條約〉第85、86條關於自由、及公平競爭，唯一的可行方式是在所有的十五個會員國之中，強制推行同樣的直接稅和間接稅稅

率。因此，他們進一步指出，在各國之間推行相同稅率，不可避免的會使各國喪失其國家主權。由於各國同時喪失決定利率及財稅的權力，各國對其國家經濟，實際上並沒有任何控制的能力及應變政策。更重要的是，以往稅率是由民主程序選出的國會投票決定，但是今後各國公民則喪失由其選舉出來的議會決定稅率的權力。

甚至即使英國人繳納的稅款均交給英國財政部，但是這並不代表英國人民有權力經由選舉，來決定稅率。各項稅收的稅率以及徵收方式的決定權均在銀行家手上，而這些銀行家關心的只是歐元和其他國際主要貨幣之間的關係，例如和美金或者是瑞士法郎。由人民選舉的議會決定稅率這一歐洲民主的基石，因為歐洲單一貨幣的成立將告消失。而歐洲中央銀行唯一關心的事是歐洲經濟在世界財經市場上的競爭力，而歐洲經濟的競爭力正是歐元價值的基礎。

歐洲懷疑論者以美國經濟為例子，支持「經濟暨貨幣聯盟」的施行不可避免會讓歐洲稅率逐漸一致的論點。最明顯也是最重要的是個人所得稅在美國所有五十州的稅率均相同，同時公司的營業稅也是全國一致。歐洲懷疑論者更指出，美國各州有權力課徵的稅收，和營業稅及所得稅相比較實在是太微渺。達成「經濟暨貨幣聯盟」的歐盟各會員國所擁有的經濟決策權，不會大過於美國加州和德州對經濟的掌控權力。根據歐洲懷疑論者的看法，這不僅剝奪法國及義大利公民經由他們選舉出來的議會，決定稅率的權力；即使英、法兩國並不反對加入歐洲單一貨幣，但是僅從純粹實際的立場上觀察，要對有不同歷史傳統的英國和法國公民課徵相同的所得稅，會遇到許多實際上的困難，而這些困難是幾乎無法克服的。

支持歐洲單一貨幣者回應指出，以上歐洲懷疑論者將美國和歐盟在工作以及稅制上進行的比較並不正確，而且容易造成誤導。因

為美國有相同的語言，即使各州之間有不同的歷史傳統，例如密西西比州和華盛頓州，但是彼此的生活模式非常接近，而且美國人傳統上會離鄉背井到處尋求工作的機會。相反的，歐洲人傾向待在自己的國家，也不願意到一個語言及文化均有差異的國家工作，所以上述關於各國可以運用稅率，吸引他國的菁英到本國工作的論點並不成立。因此英國沒有必要為了留住本國人才，而比德國降低所得稅率，因為大部分的菁英也不願意到德國工作。所以支持單一貨幣者指出，歐盟不同國家仍然可能擁有不同的所得稅稅率，而這些稅率是由各國國會決定。各國國會同時可以決定不同的社會安全保險金額，以及不同的社會福利措施❼。

　　歐洲單一貨幣支持者同時指出，歐洲懷疑論者過份強調單一貨幣對國家主權的威脅。雖然竭力支持歐洲單一貨幣的強森(Christopher Johnson)承認：

> 單一市場要發展成功，必須防範英國的資金會像以前德國的資金大規模的流向低稅率的天堂——盧森堡，也許英國必須同意將一些稅率決定權轉移給歐盟，而由歐盟經由多數決表決決定這些稅率。

但是他隨即附加一條令人鼓舞的但書：

> 沒有一個國家願意喪失財政金融的自主權，但是在這個例子中，英國將一些主權交付給歐盟，對於英國整體而言是比較

---

❼　譯者註：根據統計，只有極小的比例的歐洲公民，移往其他會員國，目前為止，以白領商業主管最熱中於跨越國界，尋求就業機會。

有利的。經由歐盟多數決決定一些特別的稅收稅率，對於英國整體徵稅權並不會有太大的影響❽。

強森指出，對於英國人民而言，西敏寺議會仍然能夠決定英國大部分的稅率；同時英國公民也能繼續享受因為加入歐洲單一貨幣而帶來的益處。

成立歐洲單一貨幣最直接明顯的益處是，你不再需要付銀行手續費將英鎊兌換為法郎，或是當你從希臘渡假回來之後，再將德拉赫兌換成英鎊。根據強森的估計，將歐洲貨幣兌換成另一歐洲貨幣上節省的費用，一年可以達到歐盟十五個會員國國內生產毛額的0.33％。對英國而言，節省的金額高達二十五億英鎊，而歐盟全體可以節省二百五十億英鎊。根據古德哈特(Charles Goodhart)在1995年12月號的《展望》中〈歐洲貨幣聯盟：一個可施行的未來〉一文指出，歐洲執行委員會對於匯兌手續費節省的金額的估計更為樂觀。根據歐洲執行委員會的估計，節省的金額佔歐盟國內生產毛額0.5％，雖然古德哈特也提到歐洲單一貨幣成立後，不可避免會產生一些實際問題，他評論約零點八愛爾蘭鎊兌換一歐洲貨幣單位時指出：

> 通常貨幣改革僅轉變小數點，但是這在此不適用。嘗試將會員國所有硬幣和紙鈔轉變成為方便使用的歐洲單一貨幣十分困難，費用也太高，也不見得受到歡迎，而且如果失敗，這更可能會危害到整體❾。

---

❽ *In With the Euro, Out With the Pound. The Single Currency for Britain*, Penguin, London, 1996, p. 114.

　　單一貨幣最重要的正面影響是在總體經濟，而不是讓民眾在出外渡假前兌換貨幣時免於被銀行額外索取5％的手續費。和現今相比較，貨品和服務將可以更為自由流通；而且會有相當的經濟規模在生產製造、投資研究和發展計畫。單一貨幣推行後，通貨膨脹會被更為嚴格的控制，而且會鼓勵一般大眾進行投資。

　　目前對於投資意願最大障礙，尤其是對於類似英國的高通貨膨脹率國家，在於投資者從股票中分得的紅利，可能會被通貨膨脹率所吞噬。這使潛在的投資者反而採行弄巧成拙的投資策略，他們的投資策略不但無益於個人，也無益於整體經濟。這些潛在投資者將現金存在信用合作社，或者是一般銀行帳戶，他們認為金錢存在這些地方十分安全，需要時也可以隨時動用。但是事實上，他們因為通貨膨脹所造成的損失，反而高過於投資股市或者債券的損失。

　　這些膽怯的投資者不太可能改變他們的投資策略，除非他們確信通貨膨脹率會被控制在一定的範圍之內，而且可以自工業生產投資中獲得豐富的利益。如果可以刺激歐盟私人投資的比例，則會幫助歐盟的工業更具競爭力。美、日兩國的國民儲蓄及投資率均高過英國或義大利，所以美、日兩國的經濟遠比英、義更為繁榮。

　　根據美國1970和1980年代的經驗顯示，單一貨幣的施行並不一定保證低通貨膨脹率。但是由於歐洲單一貨幣的基礎是特別針對控制通貨膨脹而設計。歐盟國家加入單一貨幣之前，必須符合〈馬斯垂克條約〉的門檻條件，而這些條件的前提就是認為議會民主政府特別容易受到通貨膨脹的威脅，所以推行歐洲單一貨幣的首要步

❾　*Prospect*, December 1995, p. 72. 古德哈特先生的文章是目前討論歐洲單一貨幣的本質以及相關問題最清楚、詳盡的文章。

驟，就是防範民主政府做出不利的決策。

　　就這一點而言，歐洲單一貨幣支持者堅決認為，民主國家的執政黨為了在下次大選中獲勝，很容易受到誘惑而決定藉由大規模公共投資以刺激景氣，從而創造一個經濟良好的假象，這和賄選幾乎沒什麼兩樣。政府刺激景氣最主要的工具就是降低長期或是短期的銀行利率，使選民有更多錢去購買他們實際上無法負擔的消費品，而引發通貨膨脹。〈馬斯垂克條約〉的門檻最主要以及明顯的目標，就是阻止各國政府採取類似的揮霍以及不負責任的政策。如果特定國家的政府像過去一樣，一味的採行不顧將來的政策，而無法將通貨膨脹率控制在〈馬斯垂克條約〉規定範圍之內，那麼該國就不得加入歐洲單一貨幣，也會因此而錯失加入單一貨幣帶來的益處。

　　〈馬斯垂克條約〉的基本動機在於使歐盟會員國在經濟政策上，能夠採取比以往更為負責任的政策，而條約的基本動機在提議中歐洲單一貨幣的運作方式就可以一見端倪。根據強森在《追隨歐元，放棄英鎊》(In With the Euro, Out With the Pound)一書第四章中指出，歐洲貨幣聯盟可以視為歐洲中央銀行的前身，而預計在1999年成立歐洲中央銀行，目的在於管理單一貨幣的運作。他對歐洲中央銀行會員資格、功能和責任的描述，可以使我們清楚的瞭解單一貨幣將各國政府的經濟決定權移轉給歐洲中央銀行的意義為何。

　　中央銀行的董事會有六位常務董事，外加十五個會員國的中央銀行均派遣一位代表。銀行利率將由歐洲中央銀行決定，因此民選的政治家對於銀行利率沒有任何影響力。所以歐盟總體經濟政策成為歐洲中央銀行的責任，將這責任交付給銀行家主要原因是因為對於政治人物的不信任，政治人物在過去為了尋求連任，在經濟上採

取短視政策，使歐盟不能放心的將歐盟總體經濟決策權、以及單一貨幣的守衛責任交付給他們。這論點有些類似克理蒙梭(Clemenceau)在一次大戰期間的評論，他認為戰爭太過重要所以不能將指揮戰爭的權力全部託付給軍事將領。法國和英國的軍事將領在第一次世界大戰中的表現，證明克理蒙梭評論的正確性。而如果貨幣政策的重要目的在於維持該貨幣的價值，那麼銀行家處理這件事情會比民選的政治人物出色。美國政府就是採取這樣的態度，所以目前美國聯邦儲備銀行主席格林斯班(Alan Greenspan)不需要向美國任何政治家諮商，就可以決定全國銀行的放款利率。

〈馬斯垂克條約〉的門檻嚴格規定所有參與歐洲單一貨幣的國家，財政赤字必須不超過國民生產毛額的3％，這一嚴厲的規定顯示未來的歐洲中央銀行的總體經濟決策，必然是堅決反對凱因斯主義。歐盟將不會經由財政赤字來刺激經濟發展，而就這一點來說，目前認為歐盟「嘗試讓社會主義從後門偷渡進來」的指控，是不合現今歐盟的總體經濟策略。此外也並沒有太多的證據，支持英國歐洲懷疑論者指控，單一貨幣的成立不但確立德國是歐盟最強大的會員國，同時也會使德國主宰歐盟的運作，因為歐洲單一貨幣的主要決策是由各國銀行家，而非由各國政治家決定。

德國有許多成為強國的重要因素：八千萬的人口、位於歐洲中部的優越地理位置、勤奮工作的傳統、先進的應用科學、和良好的工業關係。所以德國成為歐盟最強大的國家是不可避免的。唯一避免德國成為歐洲強權的方式只有一個選擇，就是使德國保持分裂的情況，正如莫拉克(François Mauriac)的評論指出，由於他是如此深愛德國，所以他希望見到有兩個德國。但是正如強森所言，由於歐洲中央銀行的組成成員人數眾多，所以任何常務董事、或是任何一

國的中央銀行代表，想要主宰歐洲中央銀行的決策過程是十分困難的。他並且補充說，「德國央行時常想自歐洲單一貨幣中脫身」，因此英國人自認為是唯一對於歐洲單一貨幣持保留態度的國家這一觀念並不正確 ❿。如果德國真的想要主宰歐洲的經濟事務，與其成為歐洲中央銀行的一份子，德國央行不如緊抱德國馬克，而且要求歐盟所有會員國貨幣緊跟著馬克在國際匯市的表現。

　　這些論據在在顯示，歐洲懷疑論者對於未來德國在歐洲單一貨幣中扮演的角色，和他們關於歐盟的其他指控一樣，均屬臆測，沒有任何真憑實據。實際上，要在1997年4月預測歐洲單一貨幣施行之後將會發生的各種情況，就像一個體育記者要在足球比賽終場前二十分鐘，提出關於全場比賽的說明 ⓫。英國歷史上曾經犯過兩次相同高估英鎊的錯誤：一是邱吉爾在1925年4月擔任英國財長時，決定使英鎊恢復金本位制，這是1930年代經濟蕭條一個主要因素；一是1990年英鎊決定以二點九三馬克兌換一英鎊的匯率加入歐洲貨幣兌換機制，卻造成英鎊於1992年顏面盡失的倉促退出歐洲貨幣兌換機制。

　　很顯然的，如果一個國家參與歐洲單一貨幣，則該國會喪失對該國銀行利率的決定權，但是可以不需要擔心財政和貿易平衡的問題。舉例來說，西維吉尼亞並不是美國最富裕的地區，但是該地區的居民不需要擔憂口袋中美金的價值，也不需要擔心他們和美國其他四十九州的貿易赤字問題。唯一不同的是西維吉尼亞地區的薪資

❿　*In With the Euro, Out With the Pound. The Single Currency for Britain*, Penguin, London, 1996, p. 76.

⓫　根據〈馬斯垂克條約〉，這將根據各國貨幣在歐洲貨幣兌換機制的層級。不過1999年1月1日歐元正式上路之後，表現不如預期理想。

低於美國其他較富裕的地區，例如德州或加州。西維吉尼亞可以在美國政府允許限定的範圍之內，決定採行何種經濟政策，只要該政策不會使西維吉尼亞面臨嚴重的財政赤字問題。

當歐洲單一貨幣施行之後，歐盟的會員國和西維吉尼亞一樣，不需要擔心口袋中的歐元會因為貿易失衡而貶值。當然，歐元在不同的地區會有不同的購買力，但是這差別就像英鎊在倫敦中心和蘇格蘭的購買力也不一樣。同時和美國五十州，或是加拿大各省相比較，歐盟各國也會擁有較多的權力決定國內的經濟事務。我們甚至可以指出，由於單一貨幣的成立，歐洲各國反而更需要運用更多的財稅政策來管理該國的經濟，而各國實際上擁有的自主權遠比歐洲懷疑論者想像的更多。

所以即使參與單一貨幣之後，各國還是有權力繼續決定是否要增加公共支出，或是立法規定最低工資。這雖然不可避免的會提升該國居民的購買能力，而對該國經濟造成通貨膨脹的威脅，並且使投資人自該國銀行撤出資金。但是該國在必要時增加稅率的權力，並未因為該國加入歐洲單一貨幣而被剝奪；所以該國仍可採行許多經濟措施。該國可以選擇成為一個高公共投資的國家，而以增加稅率來平衡通貨膨脹的壓力；或者該國可以像英國拒絕施行歐盟〈社會條款〉，使該國成為低工資的國家，而經濟重心操之於企業經營者而非勞動階級。這可能是資本主義的歐洲未來會走的道路，因為低工資會使企業經營者有更多的盈餘，所以低工資可能會吸引公司前往該國投資。

如果歐盟〈社會條款〉成為強制性的法律，同時歐盟頒訂「指令」，強迫執行每週四十八小時工時，並且規定最低工資，上述情況就會全面改觀。沒有員工的同意，企業雇主就不得要求員工每週

工作超過四十八個小時，而不給付加班費用。但是目前仍未有法律禁止企業雇主優先擢升自願加班的員工，或是優先考慮遣散不願意加班的員工。尤其是在財經界和服務業，或是專業領域，例如會計和法律事務所的受薪階級。一般指控美國雇主時常威脅員工，如果你對於星期六下午加班這個提議不高興，星期天早上，你也不用來上班了。這種現象可能不是歐洲的現象，而是大西洋兩岸的共通現象。面臨東亞和太平洋盆地等地的經濟競爭壓力，也許會讓這種現象成為全球性的問題，而這可能會對歐盟〈社會條款〉的可行性造成一些質疑。

　　完全執行每週工作四十八小時的「指令」，可能會牴觸〈馬斯垂克條約〉設定的反通貨膨脹政策的目標。根據過去的經驗顯示，減少每週工時的立即影響就是：增加加班時間，提高加班費用，增加工業製造成本，促進購買力以及通貨膨脹的壓力。如果一個國家拒絕施行業經部長理事會通過的指令，就會引發政治性的爭議。在1966年〈盧森堡協定〉之後，歐洲很少見到會員國家堅決採行戴高樂的國家主義立場，而使歐洲整合陷入困境，但也許〈社會條款〉這個問題，會是國家主權對抗歐盟決策的引爆點。

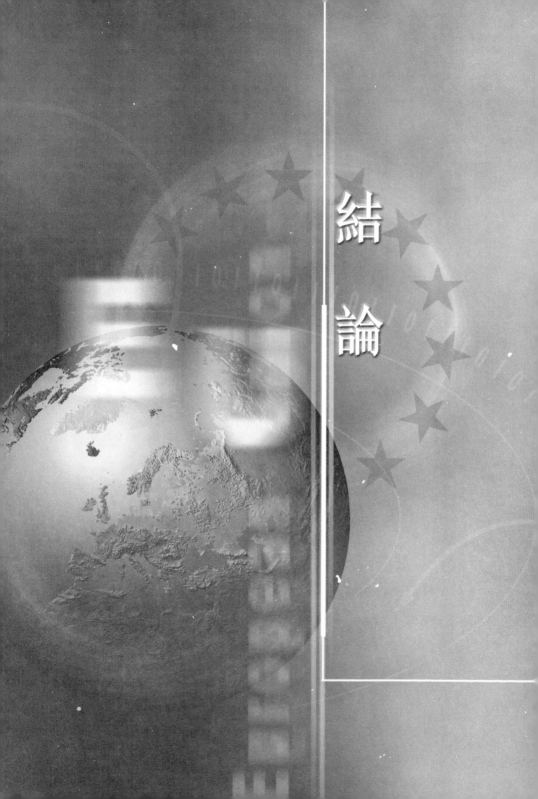

結論

　　強森博士指出，當一個人在追求財富時，並不會隨便的耗費精力在無關緊要的事務，這或許可以提供我們瞭解自1951年〈巴黎條約〉簽訂以來，歐洲統合的思維背景。統合的最初動機在於避免法、德之間的第四次戰爭；但這一動機的完全實現，卻被逐漸遺忘，而當評論家討論歐盟創立的動機和目標時，竟幾乎忽略這一動機。取而代之的動機是逐漸認知到隨著西歐國家的整合，更為重要的目的應該是追求富裕的社會；現今歐洲國家在追求財富一事上，比以前互相發動戰爭更為熟練。

　　追求財富是一個值得稱讚的目標。而持續渴望增加歐洲公民的財富，不但提供了今日歐盟的動力，同時也是二十世紀末最重要的知性上的喜悅。很少歷史事件能像歐洲統合一樣，使人類彼此充滿信心，歐盟使人們理解國家的主要角色在於使百姓富裕。也許人類對於如何達成這一目的的手段仍存有歧異，對於追求何種正確經濟政策也存在著許多不同意見，但是對於國家的主要目的卻是毫無疑問：也就是有效的創造財富以及如何均衡的分配財富。當想到過去一些國家和國際組織，企圖達成這項目標，卻以失敗告終時，相較來說，歐盟目前的成就是相當可觀的。

　　國家均衡分配財富的角色假設：國家必須經由一種制度將技術專業和運氣創造的財富，分配給比較不幸運或是技術不熟練的人；因為這些不幸的人無法和其他幸運的人一樣依靠勞力謀生。歐盟〈社會條款〉的基本精神就是財富均衡分配的觀念，這就像是歐體當初為了要創造財富而免除會員國之間彼此的關稅，而且不斷要求農業和工業經由公平和自由競爭使其更有效率。

　　強調財富的重要性，並非對歷來嘗試建立歐洲觀念思想家的輕蔑，這些思想家承襲了歐洲自希臘文明以來重視抽象思考，以及知

識辯論的文化遺產。而追求財富的野心，和羅馬文化以降重視法律的傳統，認為法律超越黨派、私人利益甚至國家，兩者之間並沒有衝突。思想家從基督教教會的許多成就之中發現統一歐洲的觀念，他們指出基督教信仰，激發了中古世紀的大教堂建築、文藝復興時期的藝術成就、和宗教改革時期以不同地區的方言翻譯《聖經》，所推廣的基督教文明。除了從追求富裕的角度外，不論從文化或是宗教層面出發，這些自上而下嘗試統一歐洲的企圖最後均告失敗。

根據歷史經驗，財富是英國對歐洲文化傳承最重要的貢獻。在十七世紀時，英國國會和詹姆士一世對抗的內戰，最後國會勝利，使英國君主受國會和國會制訂的法律監督的理念得以推行。1688年的光榮革命，詹姆斯二世遜位由威廉和瑪莉繼位，使有錢的地主階級、國會議員和教會，更能接受君主的宗教信仰和政治理念。這兩次革命產生了歐洲獨特的政府契約觀念；但這兩次革命的基本原因在於保護私人財產權，免於君主隨意侵犯；地主階級及國會議員質疑君主為了私慾違犯國會立法，隨意課徵稅收之權力。

十七世紀時期發動革命的貴族、律師、地主和商人也發展了一系列的觀念，刺激了十八世紀的啟蒙運動。啟蒙運動導致了1776年的美國獨立革命和1789年的法國大革命。在1825年時，傑佛遜(Thomas Jefferson)創建了維吉尼亞大學，在正門上雕刻了：

在此，無論真理終點何在，我們不畏懼追隨真理；只要能以真理駁斥謬誤，也不默許謬誤。

傑佛遜表達一個源自於十七世紀，英國國會議員為了防止君主侵犯他們的財產權而產生的歐洲觀念。

　　十七世紀以來，有許多思想家一再追求如何統一歐洲的方式，例如理性主義的笛卡兒、理想主義的康德、或是〈人權宣言〉，這些思想潮流和創造財富的慾望完全符合。近代例如莫內和舒曼等人，認知到這些歐洲知識遺產對於歐洲統一的重要性；然而他們採取的行動是以財富的創造為前提，或是以一個較高雅的詞句：經濟富裕，只有一個富裕的歐洲才可能為歐洲十七世紀以來的知識遺產，提供一個立足點。

　　從當今歐盟最重要的一位創建者——莫內的事業歷程可以闡明，他鼓勵創建的歐盟何以如此成功，而其他整合歐洲的計畫卻告失敗的原因。他起初是一家白蘭地蒸餾業者的推銷員，第一次世界大戰期間，他代表法國在盟軍委員會中負責經濟資源的分配。第二次世界大戰期間，他擔任國際聯盟的副秘書長（命運坎坷的國際聯盟是聯合國前身），負責安排對羅馬尼亞和波蘭的國際貸款，並且幫助重整中國的鐵路系統。第二次世界大戰期間，他在羅斯福總統的勝利計畫中工作，並且簽署了美、法之間的租借法案。戰後，他擔任第一任歐洲煤鋼組織的主席，這個職務適切地肯定他對歐洲的貢獻；他從商業活動之中掌握了現實，使他得以一個世俗實際者的眼光提倡廢除煤、鋼的所有關稅的政策。

參考書目

　　企鵝出版社於1996年出版由班橋(Timothy Bainbridge)和席戴爾
(Anthony Teasdale)合著的《企鵝歐洲聯盟指南》(*The Penguin Companion to the European Union*)修正版，以及倫敦Routledge出版社在
1995年出版迪德曼(Martin Dedman)著作的《歐盟的起源及發展》
(*The Origins and Development of the European Union*)兩書之中有詳盡
的參考書目。盧森堡歐體出版社於1993年出版布查特(Klaus-Dieter
Borchardt)的《歐體法入門》(*The ABC of Community Law*)一書，提
供關於歐體法律相當詳盡的參考書目。關於總部設立在盧森堡的歐
盟官方出版社出版的作品，可以在下列倫敦地址中獲得

Jean Bonnet House,

8 Store Gate,

London SW1P SAT

　　除了在註釋中引用的書目之外，下列書單對瞭解歐洲聯盟的運
作以及本質有所幫助。

　1. Barav, A., (ed.) *Commentary of the EEC Treaty and the Single
European Act*, Clarendon Press, Oxford, 1993.

　2. Drost, Harry, *What's What and Who's Who in Europe*, Cassell,
London, 1993.

　3. El-Agraa, Ali, (ed.) *Britain Within the European Community*,
Macmillan, London, 1983.

　4. George, Stephen, *Politics and Policy in the European Communi-*

ty, Oxford University Press, Oxford, 1992.

5. Lasok, D. and Bridge, J. W., *The Law and Institutions of the European Union*, Butterwonhs, London regularly updated.

6. Urwin, Derek, *The Community of Europe: A History of European Integration Since 1945*, Longman, London, 1991.

7. Weigall, David and Stirk, Peter, (eds) *The Origins and Development of the European Union*, Leicester University Press, Leicester, 1992.

中外文對照表

一　歐洲聯盟十五會員國

奧地利　Austria

比利時　Belgium

丹麥　Denmark

芬蘭　Finland

法國　France

德國　Germany

希臘　Greece

愛爾蘭　Ireland

義大利　Italy

盧森堡　Luxembourg

荷蘭　Netherlands

葡萄牙　Portugal

西班牙　Spain

瑞典　Sweden

英國　United Kingdom

二　貨幣單位

奧地利先令　Austrian shilling (OS)

比利時法郎　Belgian franc (BFR)

丹麥克朗　Danish krone (DKR)

荷蘭荷盾　Dutch guilder (HFL)

歐元　EURO or Euro

歐洲貨幣單位　European Currency Unit (ECU or Ecu)

法國法郎　French franc (FF)

芬蘭馬克　Finnish markka (FMK)

希臘德拉赫　Greek drachma (DR)

德國馬克　German mark (DM)

愛爾蘭鎊　Irish pound (IRL)

義大利里拉　Italian lira (LIT)

日圓　Japanese yen (YEN)

盧森堡法郎　Luxembourg Franc (LF)

英國英鎊　Pound sterling (UKL)

葡萄牙愛司庫　Portuguese escudo (ESC)

西班牙匹索　Spanish peseta (PIA)

瑞典克朗　Swedish krona (SKR)

美元　United States dollar (USD)

三　組織、條約

執行委員會　European Commission

執行委員　Commissioners

常駐代表委員會　Committee of Permanent Representatives
(COREPER)

區域委員會　Committee of the Regions

部長理事會　Council of Ministers

法國的會計法庭　Cour des Comptes

稽核法院　Court of Auditors

初審法院　Court of First Instance

歐洲共同體法院　Court of Justice

經濟社會委員會　Economic and Social Committee (ESC)

歐洲原子能組織　Euratom

歐盟人權法庭　European Court of Human Rights

歐洲中央銀行　European Central Bank (ECB)

歐洲煤鋼組織　European Coal and Steel Community (ECSC)

歐洲防衛共同體　European Defence Community (EDC)

歐洲經濟共同體　European Economic Community

歐洲自由貿易區　European Free Trade Area (EFTA)

歐洲貨幣組織　European Monetary Institute (EMI)

歐洲貨幣系統　European Monetary System (EMS)

歐洲議會　European Parliament

關稅貿易同盟　General Agreement on Tariffs and Trade (GATT)

國際聯盟　League of Nations

洛梅公約　Lomé Convention

馬斯垂克條約　Maastricht treaty

馬歇爾計畫　Marshall plan

北大西洋公約組織　North Atlantic Treaty Organization (NATO)

羅馬條約　Rome Treaty

申根公約　Schengen agreement

單一歐洲條款　Single European Act

單一歐洲市場　Single European Market

社會條款　Social Chapter

聯合國　United Nations (UN)

西歐聯盟　Western European Union

四　重要人名

阿登諾爾　Adenauer, Konrad

艾德里　Attlee, Clement

班橋　Bainbridge, Timothy

巴力　Barry, Richard

畢汶　Bevin, Ernie

俾斯麥　Bismarck, Otto von

布克　Booker, Christopher

布查特　Borchardt, Klaus-Dieter

布烈頓　Brittan, Leon

卡羅爾　Carroll, Lewis

張伯倫　Chamberlain, Neville

邱吉爾　Churchill, Winston

克勞塞維茲　Clausewitz, Karl

克理蒙梭　Clemenceau, Georges

寇克菲爾德勛爵　Cockfield, Lord

康納里　Connolly, Bernard

戴高樂　De Gaulle, Charles

德漢　Dehaene, Jean-Luc

戴洛爾　Delors, Jacques

愛格伯特　Egbert

復特　Foot, Michael

法蘭西　France, Pierre Mandès

弗哈斯提耶　Fourastié, Jean

弗朗哥　Franco, Francisco

吉布生　Gibson, Robert

紀斯卡　Giscard d'Estaing, Valery

金匠爵士　Goldsmith, Sir James

史密斯，奧力弗　Goldsmith, Oliver

古德哈特　Goodhart, Charles

格林斯班　Greenspan, Alan

哈爾山爵士　Hailsham, Lord

霍斯坦　Hallstein, Walter

奚斯　Heath, Sir Edward

希特勒　Hitler, Adolf

霍姆茲　Holmes, Martin

臻內尼　Jeanneney, J-M.

傑佛遜　Jefferson, Thomas

堅金斯　Jenkins, Roy

強森，克里司多福　Johnson, Christopher

強森　Johnson, Samuel

祖培　Juppé, Alain

甘迺迪，保羅　Kennedy, Paul

席戴爾　Teasdale, Anthony

天普頓　Templeton, Paul

柴契爾夫人　Thatcher, Margaret

威爾漢二世　Wilhelm II

威廉森　Williamson, David

威爾森　Wilson, Harold

海都物語

威尼斯共和國的一千年

「人之所以愛，是因爲
我在威尼斯看到遙在

塩野七生 力作

日本文學大賞「三多利獎」得獎作品

《海都物語》

——一本給新臺灣人的另類情書

在情人身上看到自己。」
萬里的這塊土地，你呢？

這是一塊荒地，
若非沒有更好的選擇，
誰也不願在此落腳，
除了魚——同時也是這裡唯一的資源。
惡水成了他們與大陸強敵之間的天險，
卻也將世界阻絕在他們面前。
對一個無法自給自足的蕞爾小島來說，
這種退一步即無死所的現實，
成就了他們血液中根深蒂固的務實性格。
沒有人比他們更清楚海洋國家要走出去，
也必須走出去的宿命，
因此，當世人都在選邊站時，
他們避談意識形態，只問國家利益，
即使為此蒙受罵名……。

海都物語

在十六世紀，「馬基維利」就等同於「權力陰謀」、「霸術」，

人們對馬基維利嗤之以鼻，

當他是惡名昭彰的可憎人物，

教皇甚至下令

「馬基維利的全部著作均為禁書，善良的基督教徒不宜閱讀。」

然而其作品卻至今日仍影響深遠，

名著《君王論》甚至被奉為謀略經典，

關鍵就在於：

他赤裸裸地直指出人性的弱點，並且要人們「正視現實」！

塩野七生 力作

日本文學大賞「女流文學獎」得獎作品

《我的朋友馬基維利》

同時推薦塩野七生其他重要作品

《馬基維利語錄》

《君士坦丁堡的陷落》

《羅馬人的故事》系列

國家圖書館出版品預行編目資料

歐洲聯盟簡史／Philip Thody著,鄭棨元譯－－初版
一刷.－－臺北市；三民，民90
　　面；　　公分
參考書目:面
譯自:An historical introduction to the European Un-
ion
ISBN 957－14－3401－9(平裝)

1.歐洲聯盟－歷史

578.1642　　　　　　　　　　　　　　90000370

網路書店位址　http://www.sanmin.com.tw

ⓒ　歐洲聯盟簡史

著作人　Philip Thody
譯　者　鄭棨元
發行人　劉振強
著作財　三民書局股份有限公司
產權人　臺北市復興北路三八六號
發行所　三民書局股份有限公司
　　　　地址／臺北市復興北路三八六號
　　　　電話／二五〇〇六六〇〇
　　　　郵撥／〇〇〇九九九八——五號
印刷所　三民書局股份有限公司
門市部　復北店／臺北市復興北路三八六號
　　　　重南店／臺北市重慶南路一段六十一號
初版一刷　中華民國九十年一月
編　號　S 57117
基本定價　參元捌角
行政院新聞局登記證局版臺業字第〇二〇〇號